성공으로 가는
11시 45분

미국 SNS를 강타했던 대한민국 '냉동 김밥'의 원조,
조은우 대표의 사업과 인생 이야기

성공으로 가는
11시 45분

A SUCCESS TIME!

조은우 지음

나비의 활주로

세상을 변화시키는 것은 대단한 능력이 아니라, 포기하지 않는 평범한 사람들의 끊임없는 도전이다

세계적인 투자가인 워런 버핏은 14살 때부터 주식을 시작해 64세가 되어서야 비로소 성공한 투자가로 알려지기 시작했습니다. 무려 50년이라는 세월 속에서 숱한 경험을 하면서 진정한 투자가로 성장했다는 이야기입니다. 하지만 그의 투자가 매번 성공적이지는 않았다고 합니다. 그 사이에 많은 기업에 투자했지만, 성공적인 투자는 몇 개 되지 않았기 때문입니다. 하지만 포기하지 않고 끈질기게 기업을 연구하고 투자한 결과, 작은 기업들이 시간이 흘러 우량 기업이 되었고, 그의 투자금도 엄청난 자산으로 돌아왔습니다. 워런 버핏뿐만 아니라 성공한 수많은 사업가들도 마찬가지였습니다. 많은 경험을 하고, 고된 노력을 이어나가고, 끝내 포기하지 않아야 결국 성공에 이를 수 있었습니다.

어쩌면 사업이란 '인디언 기우제'와 비슷하다고 봅니다. 비가 내릴 때까지 계속 기우제를 지내면 결국 언젠가는 비가 오게 마련이듯, 성공할 때까지 계속해서 포기하지 않고 도전을 이어나가면 마침내 성공에 도달하는 것이라 생각합니다. 물론 무작정 포기만 하지 않으면 된다는 이야기는 아닙니다. 끊임없이 트렌드를 살피고, 새로운 기획과 아이디어로 차별화를 해야 할 것입니다.

어린 시절, 큰어머니의 말씀

저는 7번의 창업을 했습니다. 두 번의 고깃집, 죽 전문점, 이유식 업체를 운영했고, 빵과 호떡에 이어 치즈스틱 사업을 했습니다. 때로는 나름의 성공이라고 말할 수 있는 경우도 있었지만, 결과적으로 볼 때는 모두 실패였습니다. 그리고 마침내 8번째 냉동 김밥 사업을 통해 제 인생에서 경험해보지 못한 가장 큰 성공을 이뤘습니다. 단지 이제까지의 사업 중에서 매출이 가장 높다는 점 때문에 성공이라고 생각하는 것은 아닙니다. 아무도 가보지 않은 길을 저 혼자서 걸어갔고, 마침내 세계의 인정을 받는 성과를 만들었기 때문입니다. 처음 냉동 김밥을 시작할 때 주변의 반응은 차가웠습니다. 그냥 즉석 김밥도 많은데 뭐 하러 얼린 김밥을 먹겠냐고 했고, 해외에서는 김이라는 음식 자체를 싫어한다는 말도 했습니다. 결국 저는 저의 선택이 옳은지를 의심하는 지경에 이르렀습니다. 하지만 저는 포기하지 않았습니다. 건강한 김밥을 시골에서 도시로, 그리고 도시를 넘어 더 넓은 해외 시장까지 전하고 싶었습니다.

그 결과 대한민국 최초의 '다이어트 비건 냉동 김밥'을 개발하게 되었고, 현재는 전 세계 20여 개국에 수출하며 글로벌 시장에서 새로운 가능성을 열어가고 있습니다. 또한 '우리 농산물로 만든 음식을 전 세계인에게 맛보게 하겠다'는 저의 가치와 비전 역시 현실로 만들어 갈 수 있었습니다. 만약 제가 7번의 실패 후 도전을 포기했다면 결코 있을 수 없는 성과였을 것입니다. 수많은 실수와 실패를 경험하면서도 끝없이 새롭고 다른 방법을 찾아 또다시 도전했던 결과였습니다.

초등학교 시절, 저의 눈에는 슬기롭고 현명하며 인자한 모습이었던 큰어머니께서 하셨던 말씀이 있습니다.

"은우야, 어떤 일 하나만큼은 세상에서 1등이 되는 사람이 되거라. 그게 안 되거든 한국에서 1등이 되는 사람이 되거라. 그것도 안 되거든 동네에서라도 1등이 되거라."

어린 나이에 큰어머니의 말씀을 정확하게 이해했을 리는 만무하지만, 그럼에도 지금까지 그 말을 기억하고 있다는 것은 분명 저에게 강한 인상을 주었기 때문일 것입니다. 그리고 큰어머니의 말씀이 마치 마법의 주문이라도 된 듯, 저는 마침내 냉동 김밥에서는 한국에서 1등, 세계에서도 1등이 될 수 있었습니다.

나의 사업 원칙, '초 · 서 · 포'

저는 인생이든 사업이든, 끊임없이 자신의 한계를 넘어서 자신의 역량을 확장해야 한다고 생각합니다. 무엇인가를 시작하자마자 성공하는 사람은 있을 수 없고, 도전을 하자마자 세계 1등이 되는 경우는 없습니다. 처음에는 아주 작은 성공을 이룬 후 한계에 부딪히고, 그것을 넘어서면서 더 큰 성공을 거두게 됩니다. 물론 새로운 한계는 또다시 다가옵니다. 하지만 이 한계를 계속해서 부수고 앞으로 나아갈 때, 비로소 남들에게 인정받는 성공에 이른다고 봅니다.

이 과정에서 매우 중요한 것 한 가지가 있다고 생각합니다. 그것은 바로 저의 사업의 원칙이기도 한 '초조해하지도 말고, 서두르지 말며, 포기하지 말자'라는 것입니다. 어떠한 목표를 가지고 성장해 나가는 과정에서 초조해지고 서두르게 되면, 결국 '이건 안 되는 건가?'라는 생각이 들게 되고 마침내 포기하게 됩니다. 저는 이것을 줄여서 '초·서·포'라고 부르면서 늘 마음에 새겨왔습니다.

저의 어려서부터의 꿈은 '돈이 많은 사람'이었습니다. 특별한 직업이 꿈이라기보다 그냥 돈만 많으면 그만이고, 또 그게 성공이라고 생각했습니다. 그러니 끊임없이 더 많은 돈을 벌기 위해 초조했고, 서둘렀습니다. 그러니 안 되는 것은 빠르게 포기하는 게 답이라고 생각했습니다. 하지만 사업의 영역에서 그것만으로는 절대로 성공을 이룰 수 없습니다. 돈이라는 것이 생각만큼 만만하게 벌리는 것도 아니고, 설사 갑자기 큰돈을 벌어도 지속 가능하지가 않습니다. 결국은 계속해서 자신의 한계를 깨뜨리고 도전하는 과정에서 축적된 진짜 실력만이 자신의 운명을 개척할 수 있다고 생각합니다.

저는 32살이었던 2013년부터 지금까지 일기를 쓰고 있습니다. 사업을 하면서 힘들고 괴로울 때마다 제 마음을 담아내면서 저를 위로하고 새로운 각오를 다졌습니다. 얼마 전 옛 일기장을 뒤적이니 처음으로 제 인생을 주제로 책을 내고 싶다고 생각했던 날이 2018년 10월이었습니다. 당시 일기장에는 이렇게 적혀 있었습니다.

'너의 꿈이 무엇이냐'라고 물었을 때 일반적으로 나오는 대답은 의사, 선생님 등 직업군을 말한다. 꿈은 곧 나의 가치를 말할 수 있어야 한다. 가수가 되어 내가 말하고픈 철학을 노래해 세상의 희망이 되어본다든지, 의사가 되어 아프리카 등 의료가 취약한 지역에서 힘든 이를 돌보는 일을 한다든지 구체적으로 가치를 가져야 한다. 나의 가치는 무엇일까? 치즈스틱 등 간식을 만들고 있는 나는 … 우리가 개발한 제품을 국내 유일, 최초로 대중적인 간편식으로 만들고 싶다. 성공적으로 이루어내서 나처럼 성공을 꿈꾸는 이들에게, 그리고 나의 자녀들에게 알려주고 싶다. 일대기를 직접 그린 만화와 글로 풀어서 공감하기 쉬운 책으로 끌어내고 싶다. 이 글들을 이젠 그림과 글로 같이 표현해봐야겠다. 잘해야겠다는 생각은 우선 접고 천천히 시작해보자.

　그때로부터 8년이나 지나서야 비로소 그 꿈이 이루어진 셈입니다. 책이야 지금 쓰든 훗날에 쓰든 큰 상관은 없다고 보지만, 그래도 나이가 더 들어 기억이 낡아진 상태에서 쓰면 내용이 충실하지 못할 수도 있다는 생각이 들었습니다. 더 나아가 새로운 일에 도전해보면 또 다른 기회의 씨앗이 되지 않을까 하는 작은 기대감도 있었습니다. 다만 저는 이 책이 '한 사업가의 성공담'이 되지 않도록 노력했습니다. 제가 다른 엄청나게 성공한 사업가에 비하면 턱없이 부족하기 때문입니다. 게다가 지금 이룬 성공이라는 것 역시 그들에 비하면 보잘것없는 것이기 때문입니다.

　하지만 한 가지 자신하는 것은 있습니다. 자신이 아무것도 가진 것이 없고, 유별난 능력도 없다고 생각하는 사람도 분명히 자신이 원하는 꿈과 목표를 이룰 수 있다는 점입니다. 저는 가난한 집안에서 태어났고 학창 시절 공부는 거의 꼴찌였던 학생이었으며, 야간 고등학교 출신에 변변치 못한 2년제 대학을 나온 청년이었습니다. 게다가 부모님에게 도움받은 돈도 별로 없이 고깃집부터 시작했던 장사꾼이었습니다. 하지만 이런 사람도 자신이 어떤 노력을 기울이고 무엇을 하느냐에 따라 이 세상에 자신만의 뚜렷한 흔적을 남길 정도의 사업가가 될 수 있다는 점입니다. 숱한 고생 끝에 이제 겨우 '11시45분 냉동 김밥'으로 세상에 저만의 기록을 썼습니다. 하지만 어떻게 보면 저는 지금도 '고생 중'이라고 할 수 있습니다. 하지만 이제 고생을 고생이라고 보지는 않습니다. 당연히 겪어야 할 일이고, 그것을 능히 감당했을 때 저에게 주어질 또 하나의 가슴 벅찬 선물이 저를 기다리고 있다고 생각하기 때문입니다.

우리는 누구나 고생을 합니다. "사람은 누구나 재난 영화의 주인공이다"라는 말도 있지 않습니까? 하지만 자신이 여전히 '고생 중'이라고 여길 때, 미래의 희망도 함께 '오는 중'이라고 생각했으면 합니다. 더 나아가 어차피 포기하면 포기해서 고생이고, 도전하면 도전해서 고생입니다. 하지만 저는 이왕이면 도전을 택하겠습니다. 그것이 좀 더 나은 미래를 위한 투자이자 동력이 될 수 있기 때문입니다.

이 책을 통해 독자 여러분도 도전과 끈기의 정신으로 자신의 한계를 극복하고, 희망에 다가갈 수 있기를 기대합니다.

- 복만사 대표, 조은우

PART

1

성장은 고통이
축적된 시간에서 피어난다

결핍과 갈망이 만들어낸 청년의 질주, 혹은 방랑

영롱하게 빛나는 진주는 사실 조개가 겪은 상처의 결과물입니다. 외부에서 모래알이나 기생충이 조개 안으로 들어오면 큰 고통과 불편함을 겪습니다. 이때 조개는 자신을 보호하기 위해 특정한 물질을 분비하게 되는데, 이것이 결국 진주가 됩니다. 어떤 면에서 상처와 고통의 결과물로 아름다움이 탄생한다고 볼 수도 있을 것 같습니다.

행복하기만 한 성장기를 거친 사람은 없겠지만, 저는 유독 힘든 과정을 겪었던 것 같습니다. 한때 어머니에게 버림받았던 상처, 사랑에 대한 결핍과 그 결핍을 채우기 위한 돈에 대한 갈망, 그리고 그 쳇바퀴 안에서 살아왔던 시절들이 있었습니다. 학창 시절에 공부는 거의 손에서 놓았으니 좋은 고등학교에 진학하는 것도, 좋은 대학에 합격하는 일도 생기지 않았습니다. 하지만 그나마 다행인 것은 그 사이에서도 조금씩 상처를 극복하고 미래의 인생을 내다보았다는 점입니다. 아직 조개처럼 영롱한 인생은 아닐지언정, 그 모든 과정은 분명 성장의 자양분이 되었다고 생각합니다.

실패해도 정직하게,
손해 봐도 정정당당하게

어린 시절의 경험을 통해서 저는 부정직한 일에는
반드시 대가가 따른다는 사실을 체험했습니다.
누군가를 잠깐 속이는 일은 매우 달콤하지만,
그것이 결코 오래갈 수도 없고, 반드시 들통이 난다는 것입니다.

사람은 어린 시절의 성장 과정에서 누구나 일정한 결핍이 생기게 된다고 생각합니다. 부잣집에서 태어난 아이도, 가난한 집에서 태어난 아이도, 심지어 좋은 부모가 있는 아이도 일정한 부분에서는 다 결핍이 있다고 봅니다. 그리고 그것이 때로는 마음의 상처와 괴로움을 남기게 됩니다. 이런 면에서 본다면 저는 크게 두 가지 결핍이 있었습니다. 어린 시절 엄마로부터 버림받았다는 마음에 사랑을 받고 싶다는 마음이 가득했고, 아버지의 무능력함으로 인해 사회생활을 시작했던 17살부터 '오로지 돈'이라는 욕망이 가득했습니다. 누구라도 이러한 결핍이 있으면 해결하고 싶듯이, 저 역시 나름의 노력을 해왔던 것도 사실입니다.

문제는 그 방법이었습니다. 조금 시간이 걸리지만 올바른 경로와 성실한 노력을 기반으로 결핍을 해결하는 방법이 있고, 샛길로 빠져 부정직하지만 빠르게 결핍을 해결하는 방법도 있습니다. 후자의 방법은 상당히 달콤합니다. 많은 노력을 기울이지 않아도 빠르고 손쉽게 일정한 성과가 생기기 때문입니다. 어려서부터 현명한 아이는 없겠지만, 저는 후자의 방법에 기댄 경험들이 있습니다. 하지만 저는 그런 과정을 통해 적지 않은 깨달음을 얻었습니다. 그런 방법으로 해결되는 결핍에는 결국 한계가 있고, 자신도 진정한 성장의 길에 접어들지 못한다는 점입니다. 그래서 정직하고 당당하게 살아가는 것이야말로, 시간은 좀 걸리지만 반드시 인정받고 성과가 있다는 사실을 몸으로 깨달았습니다. 어쩌면 사업을 하는 사람에게 가장 필요한 덕목을, 저는 어린 시절의 경험을 통해서 알게 된 것입니다.

사랑받고 싶다는 마음

지금 돌아보면 저의 어머니는 꽤 냉정한 사람이었던 것 같습니다. 제가 초등학교 1학년이던 어느 날이었습니다. 아침에 등교를 준비하던 제게 어머니는 담담한 얼굴로 이렇게 말했습니다.

"은우야, 오늘 학교 갔다가 돌아오면 엄마랑 네 동생은 집에 없을 거야. 그러니까 우리 집으로 오지 말고, 작은아버지 집으로 가야 한다."

저는 그저 고개를 끄덕였을 뿐이었습니다. 그 말이 무엇을 의미하는지, 왜 그런 이야기를 하는지 전혀 알지 못한 채였습니다. 나중에 철이 들고 나서야, 그날의 상황을 조금씩 이해하게 되었습니다. 당시 어머니는 아버지의 무능한 경제력과 오랜 가정불화로 인해 결국 집을 떠나기로 결심했던 것이었습니다. 하지만 궁핍한 현실 속에서 아이 둘을 모두 데리고 새로운 삶을 시작하는 것이 어렵다고 판단했는지, 네 살이던 동생만 데려가고 저는 남겨두려 했던 모양입니다.

지금 40대 중반이 된 저는 8살 아들이 있습니다. 그 아이를 바라보다 보면 문득 그때의 제 모습이 겹쳐 떠오르곤 합니다. 그러면 자연스럽게 이런 생각이 듭니다.

"어머니는 어떻게 저렇게 어린 아이를 두고 떠나시려고 했을까?"

만약에라도 제가 지금 아들을 두고 떠난다고 생각해보니, 참으로 마음이 저려옵니다.

물론 그만큼 당시 어머니의 고통이 컸을 것이라고 생각합니다. 그 일이 있고 우여곡절 끝에 몇 개월 후 다시 어머니를 만나 함께 살기는 했습니다. 어머니가 없는 그 몇 개월 동안 저는 끊임없이 울었다고 합니다. 결국 보다 못한 아버지가 저를 어머니에게 데려다주었고, 어머니도 어쩔 수 없이 저를 받아들였습니다. 당시의 기억은 지금도 선명합니다. 특히 그때 저는 처음으로 '버림받는다는 느낌'이라는 것을 알게 됐습니다. 어느 날 갑자기 사라진 어머니, 낯선 환경, 그리고 내가 몹시도 쓸모없는 사람이 되었다는 쓸쓸함….

어머니를 다시 만나고부터는 정말로 칭찬도 받고 사랑도 받고 싶었습니다. 다시는 버림받고 싶지 않았기 때문입니다. 그런데 대개의 부모들이 그렇듯, 자식이 공부를 잘하면 칭찬하고 귀여워했지만, 그렇지 못하면 왠지 사랑을 많이 주지 않는 것이 인지상정인가 봅니다. 문제는 제가 공부를 무척이나 못했다는 점입니다.

1월생이었던 저는 다른 아이들과는 다르게 7살에 학교에 들어갔습니다. 이상하게도 어머니는 제가 학교도 빨리 들어갔으니, 공부도 다른 아이들보다 더 잘해야 한다고 생각했던 모양입니다. 하지만 저의 상황은 달랐습니다. 다른 아이들보다 체구가 작아서 일단 심리적으로 위축이 됐고 자존감도 떨어졌습니다. 그 결과 공부에 열심일 수가 없었습니다. 다만 그래도 한 가지 좋아하고 잘하는 것이 있었습니다. 바로 낙서에서 출발한 그림이었습니다. 공부에 별 관심이 없던 저는 수업 시간에 낙서를 끄적거리기 시작했고, 어느 순간 그림을 매우 좋아하는 아이가 됐습니다. 하지만 공부 말고도 재밌게 할 수 있는 것이 있으니, 공부에서는 더욱 멀어지게 된 셈입니다.

사랑받기 위한 최후의 수단

초등학생 때야 성적이 크게 중요하지 않았지만, 중학교부터는 상황이 달라졌습니다. 성적에 따라서 인문계냐 실업계냐가 결정되기 때문입니다. 그래서 중학교 1학년 때부터는 부모님이나 아이들이나 자신의 성적에 관심을 기울이고 열심히 하려고 합니다. 저 역시 마찬가지였지만, 초등학교 시절 내내 각 과목의 기초적인 개념조차 습득하지 못했던 제가 갑자기 공부를 잘하기는 힘들었습니다. 시험이 끝나고 성적이 나오면 모든 학생은 늘 한 반에 있던 50명의 등수가 적힌 성적표를 받았습니다. 저는 거의 44~45등 수준이었습니다. 그냥 '꼴찌'나 다름없었습니다. 성적표를 드리니 어머니께서는 무척 실망했고, 공부를 하라고 다그쳤습니다. 어머니의 그런 모습 속에서 저는 다시 버려지지는 않을까 하는 두려움이 들었습니다. 결국 최후의 수단을 강구했습니다. 바로 성적표를 위조하는 것이었습니다. 칼로 내 이름을 잘라내고, 내가 하고 싶은 등수에 있는 아이의 이름을 잘라내어 바꿔치기하는 것입니다. 이렇게 바꿔 치기한 원본을 다시 복사하면 잘라낸 흔적이 잘 보이지 않으니 매우 그 럴듯했습니다. 매번 시험을 볼 때마다 조금씩 등수를 올렸습니다. 처음 에는 30등, 24등, 21등, 17등…. 어머니는 늘 칭찬을 해주셨고, 좋은 가방 도 사주셨으며, 따뜻한 눈빛으로 바라봐 주셨습니다. 저는 행복했고, 사 랑받고 있다는 느낌이 들었습니다. 그리고 결국 졸업할 즈음에는 반에 서는 1등, 전교생 300명 중에서 2등이라는 최고의 성적을 가진 학생이 되어 있었습니다. 물론 저는 죄책감을 느꼈지만, 늘 이런 생각으로 무마 했습니다.

"이제 정말로 열심히 공부해서 다음 시험은 내 실력으로 등수를 높일 거야."

하지만 결국 끊임없이 '다음번'이라는 거짓으로 저 자신을 속이는 일 에 불과했습니다.

"3년이나 어른을 속일 수 있다니…"

하지만 진짜 실력이 바닥인 상태에서 다짐만으로 실력이 높아질 리는 없습니다. 그렇게 3년이라는 시간이 흘렀고, 이제 그 종말이 눈앞에 서서히 다가오고 있었습니다. 중학교 3학년 마지막 시험이 끝나고, 이제 가야 할 고등학교를 정해야 할 시간이 돌아왔기 때문입니다. 공부를 잘하는 학생들은 인문계 고등학교로 진학했으니까, 제가 진짜로 '전교 2등'이라고 믿고 있었던 어머니는 당연히 저도 인문계로 갈 것이라고 생각했습니다. 그러나 모든 것이 발각되기에 필요한 시간은 딱 몇 시간에 불과했습니다. 어머니는 저의 담임선생님과 고등학교 진학 상담을 한 후에 모든 진실을 알고 말았습니다. 엄마는 무척이나 실망스러운 표정으로 저를 다그쳤습니다. 정말 네가 성적표를 위조한 게 맞느냐고, 언제부터, 왜 그랬는지를 야단치듯 물었습니다. 결국 저는 모든 것을 인정할 수밖에 없었습니다. 어머니는 냉정한 사람이기도 했지만, 쿨한 사람이기도 했던 것 같습니다. 고개를 푹 숙인 저에게 이렇게 이야기했습니다.

"그래, 어른을 3년이나 속일 수 있다니, 그것도 참 똑똑한 일이다."

그때부터 어머니는 저에게 과외선생님을 붙여주면서 다시 공부를 할 수 있도록 했지만, 초등학교 6년, 중학교 3년 동안 공부를 거의 하지 않았던 제가 그걸 단시간에 따라가는 것은 불가능한 미션에 불과했습니다. 결국 가족회의를 통해서 저의 지난 과거가 모든 이들에게 공유됐고, 저를 재수가 아닌 야간고등학교 전자과에 들여보낸다는 결론이 났습니다. 말이야 '고등학교'지만, 실제로는 자신의 성적으로 제대로 된 학교에 들어가지 못하는 아이들의 집합소와 같은 곳이었습니다. 대부분의 학생들이 낮에 아르바이트를 했기 때문에 오후 5시에 등교해 9시에 하교하는 학교생활은 그저 시간 때우기에 불과했습니다. 공부를 하든 말든, 선생님들조차도 별 신경을 쓰지 않았습니다.

사업가가 소비자를 속인다면?

이러한 어린 시절의 경험을 통해서 저는 부정직한 일에는 반드시 대가가 따른다는 사실을 체험했습니다. 누군가를 잠깐 속이는 일은 매우 달콤하지만, 그것이 결코 오래갈 수도 없고, 반드시 들통이 난다는 것입니다. 하지만 저는 제가 어린 시절에 그런 일을 겪었던 것을 다행으로 생각합니다. 그나마 어머니를 속인 것이니 다른 제3의 피해자가 없었지만, 만약 제가 더 나이 들어 성인이 된 후에, 혹은 지금처럼 사업을 하면서 누군가를 속이고 있다면 이는 얼마나 큰 문제입니까? 더구나 식품 사업은 소비자를 속이기 좋은 구조이기도 합니다. 굳이 공개하지 않는다면 소비자는 자신이 먹는 음식이 어떤 과정을 통해 만들어지는지 알 수가 없습니다. 물론 이를 예방하기 위한 다양한 법적, 행정적 절차가 있기는 합니다만, 사업가가 그것마저 눈 가리고 아웅 하는 방식으로 악용하게 되면 소비자는 꼼짝없이 당할 수밖에 없습니다.

　저는 지금도 기억하고 있습니다. 사랑에 대한 결핍을 빠르게 해결하기 위해 3년간 어머니를 속이면서 느꼈던 그 불안감, 죄책감, 그리고 마지막에 다가오고야 마는 그 부정직함에 대한 가혹한 대가. 그 이후로 저는 다시는 이런 일을 겪지 않았고, 앞으로도 경험하지 않을 것입니다. 무엇보다 사업에서는 더욱 그렇습니다. 차라리 실패하더라도 정직한 것이 훨씬 낫고, 비록 손해를 보더라도 남을 속이지 않고 정정당당하게 사는 인생이 훨씬 편하고 자유롭기 때문입니다. 물론 이런 깨달음이 있다고 한들 어린 시절의 실수가 사라지지는 않겠지만, 그나마 앞으로의 인생에서는 그 누구도 속이지 않는 정직함을 사업가인 저의 마음에 새겨넣었기에 무척 다행이라고 생각합니다.

인생이 막다른 골목에
처하게 되는 이유

생각해 보니 시간이 흘렀지만 저는 늘 그 자리를 맴돌고 있었습니다.

돈을 따라서 끊임없이 방랑하듯 살아왔고,

앞날을 생각하기보다는 당장

오늘 손에 쥘 수 있는 돈에 의해서 움직였습니다.

결국 저는 참담하다는 생각에까지 이르렀습니다.

어머니의 사랑에 대한 결핍과 함께, 또 하나 크게 느꼈던 결핍은 돈이었습니다. 어머님의 가출과 가정불화의 근원에는 돈이 있었습니다. 그리고 따지고 보면 제가 한때 버림받은 이유도 마찬가지였습니다. 그러니 고등학생이 됐던 17살 때부터 저는 무조건 '어떻게 하면 돈을 더 벌 수 있을까?'라는 생각이 머리를 가득 채웠습니다. 야간고등학교 학생들은 대부분 낮에 알바를 했습니다. 어차피 공부는 거의 포기 상태이니, 집에서도 돈이라도 벌 것을 종용하지 않았나 싶습니다. 저는 자발적으로 일을 하기 시작했습니다. 그게 또 다른 저의 결핍을 해결하는 방법이었기 때문입니다. 머릿속에 온통 '돈'이 차지하고 있었기 때문에 한 푼이라도 더 주는 곳으로 옮겨가면서 일을 했습니다. 공장 노동자, 주유소 주유원, 자장면 배달부, 막노동 일꾼, 레스토랑 서빙, 심지어 룸살롱 웨이터도 했습니다. 당시에는 인터넷과 SNS라는 것이 없었기 때문에 그저 친구들끼리의 대화가 정보의 주요 창구가 되었습니다.

'주유소에서 일하면 시급 2천 원을 더 준대.'
'막노동을 하면 하루에 4만 원이나 벌 수 있대.'

끊임없이 더 나은 조건이 있다는 소문을 따라서 일을 바꾸고 돈을 추구하는 생활이 전부였습니다.

물론 그 과정에 뿌듯한 일도 있었습니다. 제가 번 돈으로 어머니에게 세탁기를 선물했던 일입니다. 어머니가 속으로 저를 대견하게 생각했는지는 모르겠지만, 어린 시절 성적을 속이던 내가 어느덧 고등학생이 되어 돈을 벌고 어머니에게 선물까지 한다니, 오히려 제 스스로가 더 뿌듯했습니다. 그렇게 3년의 시간이 흐르면서 어느 순간부터 깊은 고민에 빠졌습니다. 저는 언제까지 돈만 따라가야 하는 거지? 서른 살, 마흔 살에도 이렇게 돈만 좇으면서 살아갈 수는 없는 거 아닌가? 이런 고민을 하면서부터는 저의 인생에 뭔가 성장과 발전이 있어야 한다는 점을 느끼기 시작했습니다.

야간고등학교에 진학한 후에 처음으로 했던 일은 공장에서 납땜을 하는 일이었습니다. 선생님들 중에는 공장을 운영하는 사람들이 있었고, 낮에 저와 같은 야간 학생들을 데려다 일을 하도록 했습니다. "학교에 다니면서 돈도 벌 수 있으니 좋지 않냐?"라는 제안이었습니다. 저는 그나마 전자과였으니 납땜 정도는 할 수 있었습니다. 그렇게 해서 아침부터 공장에 출근해서 납땜하고 오후에는 등교를 하는 생활이 한동안 이어졌습니다. 그런데 어느 순간부터 흥미로운 소문들이 전해져 왔습니다. 공장이 아닌 다른 곳에서 일을 하면 돈을 더 벌 수 있다는 내용이었습니다. 그리고 그곳에서 일을 하다 보면 또 다른 소문이 들려왔습니다. 돈을 더 주는 곳이 또 있다는 것입니다. 오로지 돈이 전부였던 저로서는 짜릿한 소문이 아닐 수 없었습니다.

고등학교 2학년이 되었더니 오토바이 면허증을 딴 아이들은 자신의 자장면 배달 일에 대해 알려주었습니다. 무려 한 달에 40만 원. 당시의 저로서는 쉽게 꿈꿔볼 수 없는 돈이었습니다. 저도 열심히 오토바이를 배워 자장면 배달을 시작했습니다. 어머니에게 세탁기를 선물한 것도 그 즈음이었습니다. 막노동도 경험해 봤습니다. 아침 일찍 용역회사로 가서 현장을 배정받고 일을 시작하면 등교하기 전까지 무려 4만 원이나 번다는 이야기를 들었기 때문이었습니다.

그런데 돈을 벌기 시작하면 그때부터 달라지는 것이 있습니다. 부모님에게 손을 벌리지 않아도 내가 번 돈으로 내가 원하는 것들을 할 수 있다는 점입니다. 옷도 사고, 신발도 사고, 술도 마실 수 있으니 얼마나 좋았겠습니까? 밤에는 친구들과 오토바이를 타면서 청춘의 낭만도 느낄 수 있었습니다. 그러다 드디어 돈을 많이 버는 최고봉의 직업을 만났습니다. 바로 룸살롱 웨이터였습니다. 중요한 건 팁이었습니다. 술에 취한 많은 어른들이 어린 저에게 팁을 주었고, 일당을 합치면 하루에 버는 돈이 무려 평균 10만 원이었습니다. 당시 일반 회사 직장인들의 평균 월급이 130~140만 원 수준이었지만, 저는 한 달에 200만 원이 넘는 돈을 벌 수 있었습니다. 무엇보다 그때는 우리나라가 'IMF 시절'이라고 불리던 외환위기 때였습니다. 많은 서민이 신용불량자가 되는 그런 상황에서 '하루에 10만 원이나 번다'는 사실은 제게 짜릿함과 동시에 자부심마저 안겨주었습니다.

27살, 그때까지 웨이터를 한다고?

지금 당장 돈을 많이 번다고 앞으로도 장밋빛 미래가 있을 수는 없는 노릇입니다. 매일 적지 않은 돈을 벌 수 있다는 사실에 즐거웠지만, 한 편으로는 저의 미래가 걱정이 되기도 했습니다. 그걸 처음 느꼈던 것은 함께 일하고 있는 한 형님의 나이가 27살이라는 사실을 알았을 때입니 다. 그때 저의 나이는 20살이었으니까, 저는 그 형님을 보면서 저의 미 래를 본 것입니다.

'내가 계속 룸살롱 웨이터를 하고 있으면 27살까지도 이런 일을 똑같 이 하고 있다는 건가?'

그때 뭐랄까, 인생이 좀 무서워진다는 생각을 처음으로 하게 됐습니 다. 앞날에 대한 두려움이 느껴졌고, 일과 돈에 대해 다시 생각해 볼 기 회를 처음으로 느끼게 된 것입니다. 그러면서 내가 걸어왔던 고등학교 3년의 기간을 되돌아봤습니다. 생각해 보니 시간이 흘렀지만 저는 늘 그 자리를 맴돌고 있었습니다. 돈을 따라서 끊임없이 방랑하듯 살아왔 고, 앞날을 생각하기보다는 당장 오늘 손에 쥘 수 있는 돈에 의해서 움직 였습니다. 결국 저는 참담하다는 생각에까지 이르렀습니다.

'나는 왜 진화가 안 되는 거지? 이 바닥에서 벗어나지 못하고 성장이 안 되는 이유가 뭘까?'

결국 그 이유는 단 하나였습니다. 공부를 해야 할 시간에 공부를 하지 않았던 것, 그 시간을 허투루 보내면서 제대로 된 실력을 쌓지 않았다는 점 때문이었습니다. 무엇보다 공부를 못해서 안 하는 것이 아니라, 공부를 잘하려는 노력의 과정에서 느껴지는 고통을 제대로 참지 못했다는 생각에 다다랐습니다. 다시 어머니와 살게 되면서 어머니는 제가 공부를 할 수 있는 환경을 최대한 만들어 주려고 노력했습니다. 심지어 내가 인문계 고등학교에 진학할 수 없다는 사실을 알고는 과외까지 해 주던 교육열 높은 분이었습니다. 결국 그러한 환경 속에서 공부를 하지 않은 것은 온전한 저의 잘못이었습니다. 거기다가 당장 손에 쥐는 돈을 보면서 '공부는 안 해도 돈을 벌 수 있으니 다행이야'라며 자기 위안을 했던 모습 역시 부끄럽게 여겨졌습니다. 돈을 벌어도 그 안에서 성장이 이뤄지지 않는다면 미래는 암울할 뿐이기 때문입니다. 결국 고통을 참는 능력이 부족했던 저는 한때 공부의 고통보다는 돈이 주는 즐거움을 선택했던 것입니다.

기업가가 돈만 좇는다면…

이러한 경험 역시 지금 사업가로서의 저에게는 큰 영향을 미쳤습니다. 만약 사업가가 돈만 좇으면 어떻게 될까요? 사회적 책임을 외면하고, 오로지 수익에만 매몰된다면 그것은 기업이 사회에서 긍정적인 역할을 하는 것이 아니라, 오히려 해악을 끼치는 존재로 전락하게 될 뿐입니다. 근로자를 언제든 해고할 수 있는 회사의 부품 정도로 여길 것이며, 더 나아가 수단과 방법을 가리지 않고 경쟁 업체를 무너뜨리면서 건강한 기업 생태계를 혼란에 빠뜨릴 수도 있습니다. 하지만 이렇게 하지 않으면서도 지속 가능한 성장을 하기 위해서는 결국 고통을 감내하는 시간이 필요하다고 봅니다. 비록 당장 이익이 생기지 않더라도 견뎌야 하고, 필요한 시기에 필요한 올바른 수단을 동원해서 문제를 해결해 나가야 합니다.

물론 기업은 돈이 없이는 운영될 수 없습니다. 매출과 수익은 사업의 생존을 좌우하는 핵심 요소이기 때문입니다. 하지만 돈만을 목표로 삼고, 마치 사냥하듯 수익만을 좇아 경영을 해 나가면 결국 언젠가는 성장이 정체되고 발전은 한계에 부딪힐 수밖에 없다는 사실을 저는 무엇보다 제 경험을 통해 깨닫게 되었습니다. 돈은 필요조건일 뿐, 절대로 충분조건이 될 수는 없다는 생각을 여전히 하고 있습니다.

사업을 하는 사람이라면 누구나 돈 때문에 고생을 합니다. 돈을 벌지 못해 괴로운 순간도 있고, 반대로 많이 벌고 있을 때조차 마음을 놓을 수 없습니다. 그래서 사업가는 늘 불안과 압박 속에서 선택을 해야 하고,

그 과정에서 고통의 시간을 피할 수 없습니다.

저 역시 그런 시간을 수없이 지나왔습니다. 하지만 어느 순간부터는 이 고통이 단순히 버텨야 할 시련이 아니라, 스스로를 점검하고 방향을 다시 세우는 과정이라는 생각이 들기 시작했습니다. 실제로 인생을 살아가거나 사업을 이어가는 과정에서 마주하는 고통은 단순한 시련이 아니라, 오히려 더 깊은 경험을 쌓게 하고 판단력을 단단하게 성장시키는 긍정적인 신호일 수 있습니다. 그래서 지금의 저는 고통스러운 시간들마저도 인생의 일부로, 하나의 중요한 이벤트로 받아들이고 있습니다. 결국 이 시간을 거쳐야만 성장이라는 꽃이 피어난다는 사실을 알고 있기 때문입니다.

때론 사소한 결심이 삶의 방향을
다르게 만든다

학창 시절 내내 학교에 다니면서 설렘을
느꼈던 적은 거의 없었습니다. 하지만 내 의지대로, 내 인생에 조금이라도
변화를 줄 수 있는 노력을 한다는 점에서
기분 좋은 설렘을 느낄 수 있었습니다.
더 나아가 내가 좀 건전해졌다는 느낌도 동시에 들었습니다.

저보다 나이가 7살이나 많은 룸살롱 웨이터 형의 모습을 보면서 내 미래를 떠올렸던 일은 저에게 정말로 큰 방향 전환의 계기가 되었습니다. 인생에 대한 두려움도 느꼈지만, 또 한편으로는 그 두려움을 이겨내기 위한 최초의 노력을 시도할 수 있었기 때문입니다. 어쩌면 그때까지의 제 인생은 그저 주어진 환경에 따라서 살았을 뿐이었습니다. 그저 바람이 불면 흔들리는 갈대와 같았다고나 할까요? 하지만 인생에 대한 두려움을 느끼면서 처음으로 나의 의지대로, 내 결심을 따라서 살아야 하겠다는 의지를 굳혔습니다. 물론 저의 후회처럼 '공부'가 주요 화두였습니다. 이제까지 내가 공부를 멀리했기 때문에 문제가 생겼다면, 결국 답

은 공부에서 찾을 수밖에 없었습니다. 그런데 여기에서 한 가지 딜레마가 있었습니다. 거의 대부분의 학창 시절 동안 공부에 관심이 없었던 제가 다시 국어, 영어, 수학을 공부한다? 너무 무모한 시도인 것 같았습니다. 그리고 솔직히 다시 그런 공부를 할 자신도 없었습니다. 그래서 저는 국영수와 같은 공부가 아닌 다른 공부를 해야겠다는 생각이 들었고, 무엇을 공부할지 고민하는 시간이 이어졌습니다. 그때 한 가지 떠오른 생각이 있었습니다. 그것은 바로 제가 그림 그리기를 무척 좋아했다는 사실이었습니다. 학창 시절 내내 수업 시간에 공부를 하는 대신 그림을 그렸던 제 모습이 기억났습니다. 그림을 그리는 그 순간만큼은 참 행복했습니다. 아마도 몰입의 상태가 아닐까 하는 생각이 듭니다. 선생님의 목소리도 저 멀리 들렸고, 그 그림에 푹 빠져서 지냈습니다. 그러나 돈을 배제한 채 그림을 공부하기는 힘들었습니다. 과연 그림을 공부한다고 내 인생이 달라질까 하는 의구심도 들었습니다. 그런데 '디자인'이라는 분야가 있다는 사실을 알게 됐습니다. 잘만 하면 미래의 직업도 될 수 있다는 생각에 마침내 디자인 학원에 등록했습니다.

처음 맞이한 '건전한 세계'

그때부터 낮 시간에는 디자인 학원에 다니고, 밤에는 예전처럼 웨이터를 계속하는 생활이 시작됐습니다. 다만 디자인 학원이라고 해서 디자인 실력 자체를 키우는 학원이 아니라, 디자인 관련 프로그램을 다루는 학원이었습니다. 엄밀하게 말하면 컴퓨터 프로그램을 배우는 학원이었던 셈이었습니다. 하지만 그 무엇이든 상관은 없었습니다. 뭔가 새로운 공부를 시작한다는 것, 그리고 내가 좋아하는 그림과 관련된 것이라면 미래에 대한 두려움을 떨쳐내고 새로운 도전이 될 수 있었기 때문입니다.

지금도 처음 학원에 갔던 기억이 납니다. 설렘이라고 할까요? 학창 시절 내내 학교에 다니면서 설렘을 느꼈던 적은 거의 없었습니다. 하지만 내 의지대로, 내 인생에 조금이라도 변화를 줄 수 있는 노력을 한다는 점에서 기분 좋은 설렘을 느낄 수 있었습니다. 더 나아가 내가 좀 건전해졌다는 느낌도 동시에 들었습니다. 사실 룸살롱 웨이터 생활은 다소 어두웠던 생활이라고 비유해볼 수도 있을 겁니다. 밤에 일하는 것은 물론이거니와 늘 마주하는 사람들은 술에 취한 사람들이었기 때문입니다. 게다가 심하지는 않았지만, 가끔은 나름의 폭주족 행세를 하기도 했습니다. 저 역시 스트레스를 받는 일이 있어서 밤에 친구들과 오토바이를 질주하다 보면 온몸으로 쾌감을 느낄 수 있었습니다. 하지만 이 역시 밤에 하는 일이다 보니 당연히 '어두운 생활'의 일부였을 것입니다.

그런데 늘 그런 어두운 생활에 익숙했던 내가 대낮에 디자인 학원에 가서 선생님의 강의에 귀를 기울이고, 옆에 있는 친구들도 모두 초롱초롱 눈빛을 반짝이는 분위기에 있다 보니, 마치 제가 '대단히 건전한 신세계'에 들어온 듯한 느낌이 들었습니다. 어쩌면 그 당시의 그런 생활은 평범한 사람에게는 너무도 익숙한 일상이겠지만, 저에게만큼은 남다르게 다가왔습니다.

자신이 흘러가는 방향

시간이 흐르면서 함께 강의를 듣는 사람들과 점점 친해졌습니다. 하루 이틀 얼굴을 익히고 자연스럽게 인사도 하면서 점차 가까워졌습니다. 그러다가 한번은 선생님, 친구들과 함께 호프집을 가게 됐고, 2차로 노래방에 가는 일이 있었습니다. 저는 그때 또 한 번 이 건전한 세계에 대한 감흥을 느꼈습니다. 밤늦은 시간에 샐러리맨들이 아가씨들과 함께 양주를 마시며 흥청망청하던 모습만 보던 저라는 사람이, 또래의 친구들과 오손도손 모여 앉아 맥주를 마시고 도란도란 이야기를 나누고 있다니. 정말로 제가 다시 한 번 건전한 사람이 된 것 같은 느낌이었습니다. 아마도 경험해보지 않은 사람은 잘 모를 감흥이겠죠?

맹모삼천지교孟母三遷之敎라는 말을 아실 겁니다. 맹자의 어머니가 아들의 교육을 위해 세 번이나 이사를 했다는 내용입니다. 지금 당시의 저를 되돌아보면, 어쩌면 나에 의한 삼천지교가 아닐까 하는 생각이 듭니다. 제가 건전한 세계에 들어왔다는 느낌이 들었고 더 이상 어두운 세계에서처럼 긴장하지 않아도 되었으며, 그 밝은 세상이 훨씬 평화롭고 안정되며 제 마음을 편안하게 해준다는 사실을 깨달았습니다.

흔히 '사람은 고쳐 쓰는 게 아니다'라는 말을 하는 분들도 있습니다. 저는 그렇지 않다고 생각합니다. 환경이 바뀌지 않은 상태에서는 그 말이 맞을 수도 있습니다. 그러나 환경이 바뀌고, 만나는 사람이 바뀌고, 생활하는 공간이 달라지기 시작하면 반드시 사람은 변하게 됩니다. 제가 바로 그러한 변화의 주인공이었기 때문입니다.

중요한 점은 사람은 처음 주어진 조건이나 환경에 의해 인생이 완전히 결정되는 존재가 아니라는 사실입니다. 누구나 자신의 의지와 결심, 그리고 그것을 뒷받침하는 환경의 변화를 통해 새로운 방향을 만들어갈 수 있습니다. 작은 선택이나 사소해 보이는 결심 하나가 삶의 행로를 전혀 다른 방향으로 이끌기도 한다고 봅니다. 많은 사람들은 삶이 원하는 방향으로 바뀌지 않을 때, 먼저 자신의 의지력을 탓합니다. '나는 왜 이렇게 의지력이 약할까'라며 스스로를 책망하기도 합니다. 물론 의지력을 기르는 일은 중요합니다. 하지만 저는 의지력만으로 모든 것을 해결하려 하기보다는, 자신의 실천력을 바꾸는 노력이 있어야 한다고 봅니다.

이러한 사실을 깨닫게 된 것은 20대 후반 직장생활을 할 때였습니다. S&T중공업 생산 현장을 방문했을 때 공장 천장에 아주 큰 현수막이 걸려 있었습니다.

‘생각 즉시 행동’

일단 큰 글씨에 압도되었고, 그 직관적인 의미가 곧바로 제 가슴 깊숙하게 자리 잡았습니다. 그리고 그 슬로건은 제가 어떤 생각을 했을 때 먼저 떠올리는 문장이 되었습니다. 이후 저는 일을 완벽하게 처리하려고 애쓰기보다, 머릿속에 떠오른 생각대로 가능한 한 빨리 행동으로 옮기는 습관을 가지게 되었습니다. 작게라도 손을 대면 우선 생각이 정리되고, 이어지는 행동은 다음 판단을 이끌어 내는 또 하나의 과정이라는 사실을 알게 됐습니다. 그리고 머릿속이 가벼워지고, 점점 더 속도를 낼 수 있습니다.

물론 ‘생각 즉시 행동’이라는 것을 성급한 것이라고 여길 수도 있습니다. 하지만 생각을 행동으로 빠르게 옮기는 순간, 막연했던 걱정과 혼란은 내가 수행해야 할 구체적인 과제가 되고, 그 사이에 느꼈던 불안은 해결 가능한 문제로 바뀝니다. 미용실 가기, 설거지하기 같은 사소한 일상생활도 마찬가지입니다. 하지만 그렇게 하지 않고 계속해서 생각과 행동을 미루게 되면 그것 자체가 이미 스트레스와 피로감으로 작용하게 됩니다. 더 중요한 것은 '생각 즉시 행동'을 통해서 쌓이는 많은 경험들이 결국 실력이 되고, 그 실력은 구체적인 성과로 이어진다는 사실입니다. 결국 의지력을 탓하기 전에 실천력을 탓해야 하고, 이것을 타개하기 위한 가장 좋은 방법 중의 하나는 바로 '생각 즉시 행동'이라고 생각합니다.

나의 미래를 만들 수 있는 사람은
오로지 나 자신뿐

첫 취업 실패는 저에게 많은 생각할 거리를 던져주었습니다.
무엇보다도 이 세상이라는 곳이 결코 만만하지 않다는
사실을 처음으로 실감하게 됐습니다.
그리고 샐러리맨으로 월급을 받고 살아가는
일이 생각보다 훨씬 어렵고 힘든 일이라는 사실도 알게 됐습니다.

디자인 학원을 다녔던 6개월의 기간은 정말로 행복하게 공부했던 기억으로 남아 있습니다. 공부가 재미있을 수도 있다는 점, 그리고 내가 공부에 빠져 즐길 수 있다는 점을 처음으로 느꼈기 때문입니다. 하지만 학원을 다녔다는 것 자체가 대단한 일은 아니었습니다. 무슨 학위가 주어지는 것도 아니고 대단한 자격증을 얻는 것도 아니었기 때문입니다. 그러니 보람찬 학원 생활을 했고, 제 인생이 변할 수 있다는 기대감도 가질 수 있었지만, 그 이상 진로의 변화를 가져오기는 힘들다고 봤습니다. 그런데 하나의 반전이 있었습니다. 그때 인연을 맺었던 선생님으로부터 또 한 번 인생이 바뀌는 전화를 받았기 때문입니다.

"너 대학 한번 가보지 않을래?"

사실 그 말을 듣고 저는 꽤나 놀랐습니다. 왜냐하면 저의 머릿속에는 '대학'이라는 단어 자체가 없었기 때문입니다. 야간 고등학교를 나오고 그저 디자인 학원을 다녔던 제가 대학을 갈 수 있으리라고는 상상 자체를 하지 못했기 때문입니다. 게다가 대학에 가면 또다시 국영수를 공부해야 한다고 생각했을 정도로 대학에 관해서는 무지했습니다. 그런데 그런 제가 대학 입학을 권유받다니, 스스로도 놀라지 않을 수 없었습니다.

그때 선생님께서 저에게 권하신 대학은 경남 거창에 있었던 한 도립 전문대학이었습니다. 추천과 실기를 통해서 학생을 뽑는 전형이 있었기 때문에 고등학교 시절 공부를 하지 않았던 저 역시도 실력만 있다면 얼마든지 들어갈 수 있었습니다. 하지만 저는 과연 대학을 가는 게 저의 인생에 도움이 될지 안 될지조차도 판단하지 못했습니다.

대학은 무조건 가야 한다

그때 저에게는 디자인 학원에서 만난 대학생 형이 한 명 있었습니다. 당시 형은 진주경상국립대학교에 다니고 있었고, 제가 알고 있던 사람

중에서는 '가장 똑똑한 형'이라고 여기고 있습니다. 그 형을 찾아가 고민을 상담하자 대답은 단호했습니다.

"은우야, 대학은 무조건 가야 돼. 무조건이야."

지금 생각해보면 참으로 어처구니없기는 하지만, 저는 그 말을 듣고 형님에게 이렇게 반문했습니다.

"형, 저는 국영수를 너무 못해요. 예전에 공부를 너무 안 해서요. 대학에 가면 또다시 국영수를 해야 할 텐데 제가 잘할 수 있을지…"

"야, 대학은 국영수 같은 공부를 하는 데가 아니야. 디자인과에서는 그런 거 공부하지 않고 디자인에 대해서만 전문적으로 공부하는 거야. 네가 잘하는 걸 계속 더 잘할 수 있게 도와주는 곳이야. 그리고 네가 일단 전문대학을 나오잖아? 그러면 나중에 편입을 해서 4년제 대학도 갈 수 있어. 네 인생에 정말로 큰 변화가 될 수 있으니까 무조건 간다고 해."

그 말을 듣고 정말로 가슴이 뛰었습니다. 잘하면 4년제 대학까지 갈 수 있다고? 내가 잘하는 것을 더 잘하게 된다고? 게다가 가장 흥미로웠던 점은 점은 국영수 같은 건 공부하지 않아도 된다는 말이었습니다. 그리고 실기라면 정말 자신이 있었습니다. 초등학교 때는 낙서나 만화 수준의 그림이었다면 고등학교를 졸업할 당시에는 정말 괜찮은 수준으로 그림을 그렸기 때문입니다.

저의 예상대로 그리 어렵지 않게 실기 시험에 합격했고, 드라마에서나 봤던 '대학 캠퍼스'를 밟게 됐습니다. 그때의 기분은 희망 그 자체였다고 할까요? 룸살롱에서 웨이터를 하던 제가, 대학은 꿈도 꾸지 않았던 제가, 또래의 친구들과 함께 강의를 듣고 함께 웃고 떠든다는 것이 신기했습니다. 이때의 기분은 디자인 학원을 다닐 때하고는 또 차원이 달랐습니다. 학원은 돈만 내면 누구나 다닐 수 있지만, 대학은 엄연히 합격해야만 갈 수 있는 곳이기 때문입니다.

그런데 대학에 다니다 보니 한 가지 좀 부끄러운 것이 생겼습니다. 바로 제가 입고 다니던 옷이었습니다. 대체로 밤에 주로 생활하면서 유흥업소에 근무하고, 가끔은 폭주를 즐겼던 학생의 옷이 단정하고 차분할 리는 없지 않겠습니까? 그러다 보니 왠지 여느 대학생에 비해 다소 불량하다는 느낌까지 들었습니다. 그때 이런 생각이 들었습니다.

'아, 내 옷도 좀 건전해져야 되겠구나!'

44

그래서 예전에 입던 옷을 상당수 버리고 '착한 애들이 입는 옷'을 여러 벌 샀습니다. 제 나이 또래의 분들이 알 만한 '지오다노'라는 브랜드는 정말 단정하고 착해 보였습니다. 그때 옷을 사면서 '나를 바꾼다는 것이 이런 것이구나'라는 느낌이 들었습니다.

군대 시절의 고민

그렇게 1년간의 대학 생활을 거친 후에 드디어 저도 군대에 가게 됐습니다. 그런데 제가 군대에서 가장 많이 느꼈던 점은 군대 생활이 힘들다는 것이 아니었습니다. 오히려 인생의 막막함을 느꼈다고 할까요? 그때 온통 제 머릿속을 지배하던 생각은 '제대하면 무슨 일을 해야 하지?'였습니다. 게다가 전문대의 경우 2년제이기 때문에 2학년이 되면 곧바로 취업을 나가는 것이 정해진 코스이기도 했습니다. 그러니 저는 제대를 하면 이제 더 이상 아르바이트가 아닌, 정식 취업을 해야 하는 입장이었습니다.

저의 이런 고민을 군대 동기들과 나누다 보니, 이미 자신의 길을 정해 놓은 사람들도 상당수였습니다. 의대를 다니다가 온 동기는 의사를 하는 것이 정해진 길이었고, 아버지가 사업을 하던 동기는 그저 아버지 사업을 물려받으면 됐습니다. 그들의 정해진 길에 대한 이야기를 들으면서 오히려 저는 막막했습니다. 딱히 물려받을 사업도 없었고, 그렇다고 좋은 대학에 다니던 것도 아니었기 때문입니다. 게다가 대학에 입학한 후 선배들이나 선생님들에게 들어본 디자인과 졸업생의 미래는 그리 밝지 않았습니다. 잘 풀리는 케이스가 인쇄소에 취업해 딱히 디자인이라고 보기도 힘든 인쇄물을 만드는 일이었습니다. 게다가 제가 느끼기에는 엄청난 박봉이었습니다. 한 달에 70~80만 원 정도에 불과하다고 하니, 제가 룸살롱 웨이터를 하면서 벌었던 돈에 비하면 턱도 없었습니다. 제가 좋아하는 디자인을 하면서도 돈을 괜찮게 벌면 더할 수 없이 좋겠지만, 현실은 전혀 그렇지 않았습니다. 게다가 이런 일을 하려면 서울로 가야 했습니다. 지방에서는 디자인의 개념도 전혀 없었기 때문입니다. 하지만 그 정도의 돈을 받고 서울에서 생활한다는 것은 거의 불가능에 가깝다고 여겨졌습니다. 생각을 할수록 고민이 풀리는 것이 아니라, 오히려 더 엉키는 느낌이었습니다.

감옥 같은 기숙사에서 탈출

　제대 후 저의 취업은 전혀 엉뚱한 곳에서 풀렸습니다. 친지들의 소개로 인해서 취업을 하게 된 것입니다. 첫 번째 취업은 김포에 있는 막내 삼촌의 친구 회사였습니다. 주방용 실리콘을 만드는 제조회사였는데,

그곳에는 기숙사도 있어 월세 비용도 아낄 수 있다고 했습니다. 그런데 막상 회사에 가보니 일은 너무도 힘들었고, 밤에는 기숙사 문을 외부에서 모두 잠갔기 때문에 저녁에는 완전히 감옥에 갇힌 꼴과 같았습니다. 당시에 왜 기숙사 문을 잠갔는지는 모르겠지만, 젊은 피가 끓어오르는 20대 청년이 밤마다 외부 출입이 금지된 감옥에 갇힌다고 생각해보십시오. 저는 도저히 견딜 수가 없어, 일을 시작한 지 단 며칠 만에 어느 날 밤 그곳을 탈출하고 말았습니다. 물론 대낮에 일을 그만두겠다고 하더라도 강제로 말리지는 않았겠지만, 왠지 저를 소개시켜준 막내 삼촌을 볼 낯이 없었다고 할까요. 결국 그렇게 몰래 공장을 빠져나와 한참을 걸어서 근처 지하철역으로 갔고, 대중교통을 이용해 다시 고향으로 내려왔습니다.

첫 취업 실패는 저에게 많은 생각할 거리를 던져주었습니다. 무엇보다도 이 세상이라는 곳이 결코 만만하지 않다는 사실을 처음으로 실감하게 됐습니다. 그리고 샐러리맨으로 월급을 받고 살아가는 일이 생각보다 훨씬 어렵고 힘든 일이라는 사실도 알게 됐습니다. 단지 일이 힘들고 몸이 괴로운 점만이 문제는 아니었습니다. 그보다 더 크게 다가왔던 것은, 그 안에서 나의 온전한 미래를 그려 나가기 어렵다는 사실이었습니다. 하루하루 주어진 일을 처리하며 살아가면서 작은 성취감을 느낄 수는 있어도, 새로운 차원의 미래를 준비하기에는 어렵다는 점입니다.

물론 지금에 와서 생각해 보면, 당시의 저를 두고 인내력이 부족했다고 말할 수도 있습니다. 조금 더 참고 견뎌내지 못한 나약함을 탓할 수도 있습니다. 하지만 저는 정말로 하고 싶은 일을 하면서 살아가고 싶다는 마음, 그리고 그 일을 통해 정당한 대가를 받고 싶다는 간절함이 이전보다 훨씬 컸습니다. 단순히 생계를 유지하기 위한 노동이 아니라, 나의 시간과 노력이 훗날 의미 있는 새로운 미래를 만들어주었으면 하는 바람은 더욱 간절해지기 시작했습니다.

노력만으로는 부족하고
성실함만으로는 살아남기 어렵다

단순히 가게를 연다고 해서 손님이 오는 것이 아니라,
사람들의 관심을 끌 수 있는 새로운 기획과
참신한 아이디어가 필요하다는 점, 그리고 그것을 손님들에게
제대로 알릴 수 있어야만 비로소 성공이 가능하다는 사실을
어렴풋하게나마 인식하게 됐습니다.

첫 번째 취업에 실패한 뒤, 간절히 저만의 일을 찾고 싶었습니다. 하지만 이 세상은 그렇게 호락호락하게 뭔가를 내어주지는 않았습니다. 이제 막 제대를 한 젊은 청년이 할 수 있는 일은 그리 많지 않았기 때문입니다. 게다가 당장 제가 돈을 벌지 않으면 그 누구에게도 기댈 수 없는 상황이었기에 다시 취업을 하게 됐습니다. 역시 친지의 도움을 받아 한 소방 기기 관련 회사에 입사했습니다. 공무원에서 은퇴한 이모부님께서 자신이 고문으로 재취업했던 회사의 대표에게 저를 소개해주셨습니다. 그런데 지금 생각해보면 그 대표님도 참 난감하지 않았나 싶습니다. 자신이 모시던 고문이 소개해준 사람이라서 거절할 수도 없는 입장

이지만, 그렇다고 제가 특별한 기술을 가지고 있어서 회사에 딱히 쓸모 있는 것도 아니었기 때문입니다. 아마도 어쩔 수 없이 거둬준다는 심정으로 입사를 허락한 것이 아닌가 싶었습니다.

어쨌든 간에, 저는 이번에는 정말로 한 번 열심히 해보자는 생각이었습니다. 첫 번째 취업에서 실패하기도 했지만, '쟤가 무슨 일을 할 수 있을까?'라는 주변의 근심 어린 시선도 불식하고 싶었기 때문입니다. 회사에서 경리로 일하시는 분에게 가서 한글 프로그램도 배우고 엑셀도 배웠습니다. 직장 선배 형들에게는 캐드도 배워서 조금씩 익숙해지기 시작했습니다. 다양한 서류 작업도 그럴싸하게 해서 사장님의 결제도 받아보니, 저도 어느 순간부터는 어엿한 회사의 일원이 되어 가고 있다는 생각도 들었습니다.

제가 당시에 했던 일은 소방 기기를 조립하거나 고장 난 부분을 손보는 일이었습니다. 정확하게 말하자면 엔지니어에 해당하는 일이었지만, 제가 정말 엔지니어 일을 배워서 하는 것은 아니었습니다. 전기선을 연결한다거나, 몸체를 조립을 하는 정도의 수준이라고 할까요? 어떻게 보면 시키는 일은 모조리 하는 수준이라고 보는 게 좀 더 정확할 것입니다.

회사가 만들었던 소방 기기는 조선소에 자주 납품이 됐습니다. 배의 내부에서도 화재가 발생할 수 있으니, 만약 화재가 발생하면 이를 꺼주는 장치라고 보면 됩니다. 그런데 그 어떤 시설이든 이러한 소방 기기는 가장 마지막에 설치됩니다. 그러니까 배가 모든 출항 준비를 마친 후에야 소방 기기가 장착되고, 그래야만 실질적인 출항을 할 수 있습니다. 이 말은 곧 설치한 저희 회사의 소방 기기가 잘 작동하지 않으면, 배가 출항을 하지 못한다는 의미입니다. 사실 이게 상당한 부담입니다. 다른 모든 것은 준비를 다 마쳤는데, 소방 기기 때문에 출항을 하지 못한다면 그 책임을 저희 회사가 져야 하기 때문입니다.

정말로 그런 일이 발생한 적이 있었습니다. 회사에서 배의 사양에 맞춰 모든 설계를 마치고 조립된 소방 기기를 배에 장착했는데, 막상 작동이 되지 않았습니다. 사수와 함께 저는 그 문제를 해결하기 위해 노력했지만, 도대체 왜 작동이 되지 않고, 무엇 때문에 문제가 생겼는지 자체를 알기 힘들었습니다. 배관 파이프를 타고 올라가서 곳곳을 점검해보고, 노즐에 문제가 있는 건 아닌가 싶어 노즐 청소도 다시 했습니다. 하지만 그렇게 3일간 잠도 제대로 자지 못하며 문제를 해결하려고 했지만, 결국 실패하고 있는 상황이었습니다. 정말 그때는 군대에서 받던 유격 훈

런보다 더 힘들었습니다. 매일 원청회사에서는 빨리 문제를 해결하라고 다그치니 밥이라도 제대로 넘어갔겠습니까?

그러던 와중에 저는 큰 화상을 입고 말았습니다. 어느 날 전기 배선을 점검하기 위해 전기를 모두 차단한 채 전기선을 이리저리 만지며 하나하나 확인하고 있던 중이었습니다. 제가 직접 차단기를 내렸기 때문에 전기로 인해 무슨 문제가 생길 것이라고 여길 수는 없었습니다. 그런데 제가 그 작업을 하고 있다는 사실을 몰랐던 한 직원이, 아무 생각 없이 전기를 다시 올려버린 것입니다. 그 순간 제 눈앞에서 엄청난 스파크가 번쩍이며 튀었고, 순식간에 손과 팔에 극심한 통증이 밀려왔습니다. 심각한 화상을 입었던 것입니다.

다행히 눈을 직접 다치지는 않았지만, 상태는 결코 가볍지 않았습니다. 즉시 화상 전문 병원으로 옮겨야 할 정도의 큰 사고였습니다. 당시 서울과 부산에 각각 화상 전문 병원이 있었고, 저는 곧바로 부산에 있는 병원으로 이동했습니다. 병원에서 진단을 받은 뒤, 의사는 제 상태를 보며 매우 심각하다고 말했습니다. 그러고는 세포를 빠르게 재생시키는 치료 방법이 있다고 했습니다. 비용이 상당히 들기는 하지만 가능하다면 그 방법을 선택하는 것이 좋겠다고 제안했습니다. 회복 속도와 이후의 후유증을 생각하면, 그 선택이 최선일 수 있다는 설명이었습니다.

병원비는 모두 회사에서 부담하는 상황이었기 때문에, 저는 회사의 입장을 깊이 고민하지 않았습니다. 그저 조금이라도 더 빨리, 더 잘 회복하고 싶다는 생각뿐이었습니다. 그래서 비용이 비싸더라도 세포 재생 치료를 선택해 달라고 말했고, 그렇게 치료가 진행되기 시작했습니다.

어설펐던 첫 식당 도전기

그렇게 무사히 치료는 받았지만, 왠지 제가 천덕꾸러기가 된 것 같은 느낌이 들었습니다. 일도 제대로 못하는 녀석을 데려와서 일을 시켰더니 괜한 사고나 일으켜서 비싼 병원비가 들게 한다는 그런 눈초리였습니다. 저는 도저히 회사 생활을 이어갈 수 없었습니다. 그나마 열심히 1년간 회사 생활을 했지만, 제가 하는 고생에 비하면 월급 150만 원도 결코 좋은 대우가 아니었습니다. 게다가 일을 하다 심각한 화상까지 입었으니 트라우마도 생겼습니다. 앞으로도 그런 사고가 생기지 말라는 보장은 없기 때문입니다. 결국 저는 퇴사를 하고 저만의 사업을 찾아보기로 결심했습니다.

사람은 대체로 자신이 아는 만큼 보이게 마련이고, 그 그릇만큼 커가게 마련이라고 생각합니다. 당시 제가 뭔가 나만의 사업을 꿈꾸었을 때

가장 관심 있었던 사업은 외식업이었습니다. 그도 그럴 것이 주변에 아는 형들 중에 '성공했다'는 사람들은 대부분 식당을 했기 때문입니다. 거기다가 오픈만 하면 '사장님'이라는 소리도 들을 수 있었으니 빠르게 신분 상승이 된다고 할까요? 또 어느 정도 운영이 잘 되다가 인근 도시에 분점을 내게 되면 주변에서는 '대단히 성공한 사람'으로 평가되기도 했습니다. 그러니 저 역시 대단히 성공한 사람이 되기 위해서는 외식업이 제격이었던 것입니다. 게다가 분점까지 내고 권리금을 받고 팔게 되면, 그것이 돈을 제일 많이 버는 방법으로 알고 있었습니다. 그뿐만 아니라 답답했던 제 인생을 뛰어넘기 위해서는 사업만이 답이었습니다. 박봉을 받는 샐러리맨의 굴레에 갇힌 상태에서는 창업만이 유일한 답이라는 생각도 들었습니다.

그렇게 해서 1년간의 회사 생활을 해서 저축한 돈과 어머니에게 빌린 돈으로 고깃집 하나를 인수했습니다. 원래 운영하던 주인은 그릇까지 모조리 놔두고 떠났기 때문에 비용도 아낄 수 있었습니다. 그렇게 26살의 어린 나이에 첫 식당 사업에 도전했습니다.

물론 처음 시작할 때에는 자신만만했습니다. 저 역시 웨이터 생활을 하면서 꽤나 인맥이 있다고 생각했고, 친구들도 많았으니 그들만 와서 팔아주어도 짭짤하게 돈이 될 것이라고 여겼습니다. 게다가 삼겹살이

주요 메뉴였으니 일도 그리 어려울 건 없었습니다. 돼지고기는 납품을
받으면 그만이고, 겉절이 김치 정도야 저도 충분히 만들 수 있었기 때문
입니다.

첫 식당 도전, 그리고 실패

실제로 한 달 정도는 기존 인맥과 친구들이 찾아주어 어느 정도 장사
는 잘되는 듯 보였습니다. 오픈 초기의 응원이 이어지면서 겉으로 보기
에는 나쁘지 않게 돌아가는 것 같았습니다. 이런 방식으로 돈이 계속 들
어올 것 같으니 군이 절약을 할 필요는 느끼지 못해 막 쓰는 경향도 있
었습니다. 하지만 딱 첫 달까지만 그랬을 뿐입니다. 두 달째에 접어들
자 손님은 눈에 띄게 뚝뚝 떨어지기 시작했고, 세 달째가 되었을 때는
더 이상 버티기 힘든 지경에 이르렀습니다. 게다가 가진 돈이 넉넉해 몇
개월을 견딜 수 있는 상황도 아니었습니다. 저녁에 매출 장부를 보기가
두려워졌고, 가게 문을 여는 일도 힘거워졌습니다. 결국 3개월이 끝나
는 마지막 날 즈음, 저는 결국 포기를 선언했고, 가게를 접을 수밖에 없
었습니다.

사람은 실패를 통해 성장한다는 말이 있습니다. 더군다나 스물여섯

이라는 어린 나이에 처음 도전한 식당 창업이 순조롭게 성공하는 일은 애초에 쉽지 않았을지도 모릅니다. 하지만 당시의 저에게 이 실패는 말 그대로 뼈아픈 경험이었습니다. 두 번의 취업 실패에 이어 맞닥뜨린 첫 번째 창업 실패는 제 자존감과 자신감을 한꺼번에 바닥으로 내동댕이쳤습니다. 막상 겪어본 세상은 정말로 호락호락하지 않았습니다. 열심히 한다는 마음만으로는 부족했고, 성실함만으로는 살아남기 어려운 곳이라는 사실을 절실히 깨달았습니다. 동시에, 남들과 똑같아서는 안 된다는 생각도 강하게 들었습니다. 단순히 가게를 연다고 해서 손님이 오는 것이 아니라, 사람들의 관심을 끌 수 있는 새로운 기획과 참신한 아이디어가 필요하다는 점, 그리고 그것을 손님들에게 제대로 알릴 수 있어야만 비로소 성공이 가능하다는 사실을 어렴풋하게나마 인식하게 됐습니다. 하지만 이러한 경험 때문이었을까요? 저는 훗날 여러 가지 사업을 하면서 차별화, 마케팅, 홍보 등에 대해서 심도 있게 고민하고 점차 다방면에서 저의 사업을 꾸려나갈 역량을 하나씩 채워나가기 시작했습니다.

나를 죽이지 못하는 것은
나를 더 강하게 만든다

더 빨리 퇴사를 해야겠다는 마음을 굳혔고,

그럴수록 저의 새로운 창업에 대한 준비는 더욱 진지해졌습니다.

이번의 새로운 창업을 반드시 성공을 해서

이렇게 갑질을 당하는 인생을 끝낼 기회로 만들어야 했기 때문입니다.

병아리가 알을 깨고 밖으로 나오기 위해서는 상당한 고난의 시간을 거칩니다. 그 부화 과정은 총 21일 정도가 걸립니다. 수정이 된 후에 점차 심장, 혈관, 눈, 팔다리가 생깁니다. 그런데 이렇게 몸만 자란다고 다는 아닙니다. 자신의 부리로 껍질을 쪼아 구멍을 만들어 생애 최초로 공기를 마신 후에, 약 3일 동안 알 안에서 몸을 회전시키면서 껍질을 조금씩 깨뜨립니다. 우리에게 3일은 그다지 긴 시간은 아니겠지만, 이제 막 태동한 작은 생명에게 3일은 꽤나 긴 시간이 아닐까 하는 생각이 듭니다. 껍질을 깨다가 지치고 힘들 때는 휴식을 취하고, 다시 그 과정을 반복합니다. 그리고 드디어 마침내 마지막 날, 남은 힘을 다해 껍질을 밀어내고 밖으로 나오게 됩니다.

　작은 병아리 한 마리도 세상에 나오기 위해서 이러한 고난의 시간을 거치는데, 사람이라면 오죽하겠습니까. 지난 시절의 취업과 사업의 실패는 저의 고난의 시간이었습니다. 보다 나은 삶을 위한 희망을 가지고, 조금씩 실력을 쌓고, 세상 경험을 하면서 저의 한계를 극복해오던 시간이 아니었을까 하는 생각이 듭니다. 물론 서툴렀고, 부족했고, 치밀한 전략이 없었기 때문에 상당수 어설픈 아마추어 수준에 머물렀습니다. 하지만 프로도 결국 아마추어에서 시작합니다. 그 오랜 아마추어의 경험이 없으면 프로의 경지에 들어가지도 못하는 것은 너무도 당연합니다. 첫 음식 사업이 실패로 돌아가면서 저는 결국 다시 취업의 길에 들어설 수밖에 없었습니다. 하지만 예전과는 좀 달랐습니다. 정말이지 내가 하고 싶은 나만의 사업을 하기 위한 돈을 모으는 시간이었고, 이제까지 조금씩 쌓아왔던 실력들을 조금 더 탄탄하게 만드는 과정이었습니다. 되돌아보면 저는 그때야말로 진짜 세상 공부를 했고, 사람들과 진심 어린 협력을 했고, 사업가를 향해 조금씩 걸음을 시작했다고 봅니다.

몸으로 열심히 배우던 시절

다시 회사에 입사하기로 결심했을 때에는 '일이 힘들어도 월급을 많이 주는 곳으로 가자'는 생각이 강했습니다. 그간 모아놓은 돈도 고깃집을 하면서 다 날렸고, 어머니에게도 갚아야 할 돈이 있었기 때문입니다. 그리고 다음 사업을 위한 돈을 최대한 빠른 시간에 마련하기 위해서라도 돈을 많이 주는 회사가 최고라고 여겼습니다.

그렇게 해서 노크를 한 회사가 주물로 자동차 부품을 만드는 회사였습니다. 당시에 평균적인 월급은 150만 원 정도였는데, 그곳은 200만 원이었습니다. 28살의 청년이 받기에 그다지 박봉이라고 보기는 힘들 정도였다고 생각했습니다. 그때쯤에는 '월급을 많이 주면 당연히 일도 힘들 것이다'라는 짐작 정도는 충분히 할 수 있었습니다. 기왕 하는 거, 짧고 굵게 고생하고 다음 사업으로 넘어가자는 생각이 강했습니다.

이력서를 쓰는데, 생각보다 쓸 것이 많다는 느낌이 얼핏 들기도 했습니다. 한글, 포토샵, 엑셀, 캐드, 일러스트… 제가 다룰 수 있는 프로그램들을 쓰다 보니 뭔가 좀 다재다능한 실력이 있는 사람처럼 보였다고나 할까요? 거기다가 자기소개서에는 "뭐든지 몸으로 열심히 배우겠습니다!"라고 적어 놓았습니다. 나중에 합격을 하고 난 후 물어보았더니, 역시나 여러 프로그램을 다루는 능력과 뭐든지 몸으로 배우겠다는 의지가 플러스 요인이 됐다는 이야기를 들을 수 있었습니다.

물론 다음 사업을 위해 거쳐 가는 직장이라고 여기기는 했지만, 저 스스로도 최선을 다했고, 회사로부터 인정을 받기도 했습니다. 저의 직속 상사였던 부서장님이 시키는 일이라면 제 능력 안에서는 최대한 일을 완성시키려고 했고, 부서장님 역시 그렇게 열심히 하려는 제 모습이 좋아 보였던 모양입니다. 저를 많이 칭찬해 주시고 인정해 주시면서 저 역시 더 신나게 일했던 것 같습니다.

하나씩 맞춰지는 조각들

그렇게 한편으로는 직장 생활을 하면서, 또 한편으로는 미래의 외식 사업을 차근차근 준비하기 시작했습니다. 과거에는 그저 남이 하던 식당을 인수했지만, 이번에는 나만의 특별한 브랜드를 만들고, 인테리어도 구상해서 진짜 하고 싶은 외식업을 해야겠다고, 다른 외식업으로 성공했던 선배들처럼 뭔가 독특하고 신선한 아이디어로 승부하겠다는 의지를 다졌습니다. 예전에는 주말이 되면 친구들하고 어울려 술을 마시고 놀러 다니곤 했지만, 그때는 달랐습니다. 서울, 대구, 대전, 부산 등

유명한 음식점이 있다고 하면 벤치마킹을 다니면서 본격적인 외식 사업자로서의 경험을 쌓아갔습니다. 그때부터 마케팅, 창업에 대한 책도 사서 읽으면서 정말로 공부다운 공부를 했습니다.

이 과정에서 과거에 했던 디자인 공부도 적지 않은 도움이 됐습니다. 각종 디자인 툴을 잘 다룰 수 있었기 때문에 브랜드도 직접 디자인하고, 가게를 홍보하는 홍보물도 직접 만들 수 있었습니다. 외식업을 생각하고 있으니, 당연히 음식 만드는 법도 더 배워야 했습니다. 과거 고깃집을 인수하면서 너무 쉽게 생각하는 경향이 있었던 점을 반성했기 때문입니다.

그렇게 하루하루를 충실하게 보내면서 미래를 준비하던 어느 날이었습니다. 퇴사를 좀 더 빠르게 앞당기게 된 사건 하나가 터졌습니다. 그것은 바로 원청회사의 갑질이었습니다. 지금도 갑질이 횡행하고 있는데, 지금으로부터 15년 전이라면 그때는 갑질이 거의 일상이기도 했습니다. 결국 저는 그런 부당한 일에 '폭발했다'고 할 정도로 분노가 치밀어 올랐습니다.

사건은 제가 애프터서비스를 위해 대기업 원청회사를 방문했을 때였습니다. 저희 회사가 납품한 자동차 부품이 매끈하지 않다는 컴플레인이 들어왔고, 이 문제를 해결해야 했습니다. 추운 겨울날, 불량품이 널린 땅바닥에서 그라인더 기계로 하나하나 부품을 매끈하게 가는 일은 결코 쉽지 않았습니다. 그렇게 며칠을 야외에서 작업하고 있을 때였습니다. 제가 걸어가고 있는데 누군가가 "어이!"라고 부르는 소리가 들렸습니다. 처음에는 저를 부르는 소리인지도 몰랐고, 설사 저를 부르는 소리라고 하더라도 쳐다보지 않으려고 했습니다. 사람이 사람을 '어이!'라고 부르는 것에 대해서는 저마다 견해가 다를 수도 있습니다. 누군가는 그럴 수 있겠다고 생각하겠지만, 저에게는 무척 기분 나쁜 호명이었습니다. 이름도 모르는 처음 보는 사람을 '어이!'라고 부르는 건 예의가 없는 차원을 넘어서 갑질이라고 여겨졌기 때문입니다. 그렇게 해서 무시하고 걸어가는데 그 사람이 또 한 번 "어이!"라고 부르는 게 아니겠습니까? 저는 두 번째로 무시하고 걸어가고 있었습니다. 그런데 그 사람이 또 한 번 "어이!"라고 부르는 말에 저는 폭발 직전이 되었습니다.

예의는 지능이다

그런데 더 황당한 일은 그때부터였습니다. 그 사람을 보았더니 저를 향해 마치 강아지 부르듯이 검지를 까딱이면서 자신 쪽으로 오라는 제스처를 했습니다. 나이가 한 50살 정도 되어 보였습니다. 그 사람을 향해 걸어가는 약 7~8m 동안 제 머릿속에는 수많은 생각들이 스쳐 지나갔습니다. 과연 무슨 말을 해야 할까? 나의 이 분노를 어떻게 전하면 될까? 도대체 저렇게 예의 없고 갑질을 일삼는 사람을 어떻게 대해야 할까? 결국 저는 그 사람 앞에 서자마자 이렇게 쏘아붙였습니다.

"당신에게도 자녀가 있는지는 모르겠지만, 당신 자녀가 당신 같은 분한테 이런 부당한 대우를 받으면 당신은 기분이 어떨 것 같습니까? 나는 당신이 왜 나를 불렀는지 모르겠지만, 그 이유에 대해서는 나에게 말하지 마세요. 나는 지금 바로 당신 때문에 회사를 퇴사합니다!"

제가 먼저 이렇게 말하고 나니 그 사람도 당황한 듯 아무 말도 못했습니다. 그리고 저는 그 길로 회사에 돌아가 퇴사를 하겠다고 말했습니다. 물론 그 이전에도 언젠가는 퇴사하겠다는 마음을 가지고는 있었지만, 바로 이 사건이 저에게는 커다란 상처가 됐습니다.

오랜 시간이 지나 그때 일을 생각해도 여전히 화가 났습니다. 저는 인터넷에 떠도는 글 중에서 심금을 울리는 글을 봤고, 그 글을 간직하기 위해서 일기에 그대로 적어 놓았습니다.

예의는 지능의 문제다.

예의 없는 사람은 기본적으로 멍청하다.

그 사람이 뭘 이뤘는지 어떤 걸 가졌는지 상관없다.

자기 행동으로 상대 기분이 어떻게 나빠질지

모른다는 것 자체가 머리가 나쁘다는 증거다.

만약 알면서 일부러 그런 거라면 그냥 나에게 싸움을 거는 것이다.

이걸 생각하면 인성은 타고난 성품의 문제가 아니라

지능의 문제라는 걸 알 수 있다.

상대와 아주 다른 생각을 가졌어도 기본 예의가 있다면

끝까지 상대할 필요가 있다. 그것이 예의다.

반대로 내 생각과 같아도 예의가 없으면 상대할 필요가 없다.

그건 멍청이와 말 섞어 봐야 좋은 결말은 나오지 않는다는 뜻이다.

아무리 똑똑한 척해도 예의가 없으면 멍청한 거다.

지금 다시 일기장을 들춰봐도 그날의 분노가 가득 담겨 있는 것 같습니다. 그날 이후, 저는 늘 제가 당했던 그 지능 없음과 멍청함을 기억하고, 저 자신은 절대로 그런 인간이 되지 않기를 다짐하곤 했습니다.

　회사의 친한 분들이 저를 달래고 위로해주었기 때문에, 곧장 퇴사를 하지 않고 조금 더 회사에 근무하기는 했습니다. 하지만 과거와 같은 마음으로 근무하지는 못했습니다. 오히려 최대한 더 빨리 퇴사를 해야겠다는 마음을 굳혔고, 그럴수록 저의 새로운 창업에 대한 준비는 더욱 진지해졌습니다. 이번 새로운 창업에서는 반드시 성공해서 이렇게 갑질을 당하는 인생을 끝낼 기회로 만들어야 했기 때문입니다.

　살다 보면 누구나 세상에, 혹은 세상 사람들에게 상처를 받는 일이 생기곤 합니다. 아마 그런 상처를 한 번도 받아보지 않은 사람은 단 한 명도 없을 것입니다. 하지만 그럴 때 저는 두 가지 결과가 생긴다고 봅니다. 하나는 그 상처를 극복하지 못해서 마음 깊은 곳에 트라우마가 생기는 것입니다. 이럴 때는 회복하지 못하고, 늘 그 후유증을 가지고 살게 됩니다. 그런데 또 하나의 경우는 그 상처를 오히려 자신의 원동력으로 삼아 더 큰 발전을 향해 나아가는 것입니다. 자신의 상처에 분노하고, 그 분노의 힘으로 자신의 인생을 앞으로 밀고 나가는 것이라고 봅니다. 다행히도 제가 겪었던 갑질은 분노의 힘으로 작동했던 것 같습니다. 물론 제가 이후에도 여러 사업을 거치면서 가슴 아픈 일도 많이 겪었고, 또 때로는 배신이라는 것도 당해봤습니다. 하지만 저는 그때마다 28살, 자동차 부품 회사에서 겪었던 일들을 떠올려보곤 합니다. 왜냐하면, 저는 그 사건을 통해서 때로는 상처와 아픔이 자신을 한 단계 더 밀고 나갈 중요한 계기가 된다는 사실을 경험했기 때문입니다.

넘어지는 것이 실패가 아니라 포기하는 것이 실패다

29살에 거둔 최초의 성공과 연이은 실패,
그리고 배신의 아픔

성공과 실패는 동전의 양면이라고 생각합니다. 비록 지금 당장 성공한 듯 보여도 그것이 유지되지 못하면 결론적으로 실패하게 되고, 지금 실패한 듯 보여도 성공으로 접어드는 경우도 흔합니다. 그러니 성공으로 보여도 성공이 아니고, 실패라고 보여도 실패가 아닌 셈입니다. 그런데 저는 많은 실패를 경험하면서 크게 깨달은 것이 있습니다. 그것은 성공과 실패를 가르는 결정적인 것은 바로 '포기를 하느냐, 마느냐'라고 봅니다. 포기하지 않는 한 아무리 실패의 과정을 겪고 있다고 하더라도 결국 성공의 반열에 오를 수 있기 때문입니다. 결국 성공이란 '단 한 번도 실패하지 않은 상태'가 아니라, '수많은 실패 속에서도 포기하지 않는 것'이라고 믿고 있습니다. 물론 그 과정에서 저도 두려웠습니다. '내가 안 되는 사업을 가지고 잡고 늘어지는 건 아닐까? 내 선택은 정말 잘한 것일까?'를 끝없이 고민해야 했습니다. 하지만 머리는 복잡해도 마음은 단순했습니다. '해내야 한다', '반드시 이뤄야 한다'는 열망이 강했습니다. 그리고 결국 그 마음이 오늘의 저를 이끌어 왔다고 봅니다.

과거의 경험에 발목 잡히지 않고
미래로 향하는 법

다만 이런 시간을 견디면서 이뤄낸 성공이었던 만큼,

당시의 경험은 지금까지의 저를 만들어온

중요한 경험이자 사건 중 하나였습니다. 나도 열심히 노력하면

분명히 해낼 수 있다는 자신감이 들었고, 이제 더 이상 내가 못 배운 탓을

하는 것이 아니라, 공부하고 도전하면 할 수 있다는 희망까지 생겼습니다.

그 사건이 있었던 날, 저는 혼자 국밥집에 갔습니다. 몽글몽글 피어오르는 국밥 연기가 식욕을 당길 법도 했지만, 저는 처연하게 생각에 잠겼습니다.

'도대체 나는 왜 이런 일을 당했을까. 이것 역시 내가 못 배웠기 때문이 아닐까….'

또다시 과거에 대한 후회가 밀려왔습니다. 하지만 동시에 이런 생각도 들었습니다.

‘내가 뭘 좀 알아야겠다. 세상에 대해 아는 것도 없이 바보처럼 살아왔으니 내가 이렇게 당하면서 사는 게 아닌가. 세상을 좀 더 똑똑하게 살려면 어떻게 해야 하지?’

그런데 그때 정말 운명 같은 만남이 있었습니다. 국밥집 바로 옆 테이블에 놓여 있는 신문에 실린 책 광고였습니다. 그 책은 지금도 제가 간직하고 있는 『나는 쇼핑보다 경매투자가 좋다』였습니다. 프랑스에서 유학을 하고 한국으로 돌아온 한 여성이 단칸방에서 살면서 경매를 통해 돈을 벌었던 성공 스토리였습니다. 당장 다음 날 서점에 가서 그 책을 사서 잠잘 시간을 줄여가며 읽었습니다. 그때 저는 처음으로 ‘식당이 아닌 또 다른 것으로도 큰돈을 벌 수도 있구나’를 깨달았습니다. 게다가 ‘아, 이런 인생도 있구나, 나도 이렇게 열심히 하면 내 인생을 바꿀 수 있겠지?’라는 생각이 들면서 정말 큰 용기가 됐고, 엄청난 힘이 됐습니다. 그때 처음으로 책으로도 도움을 받을 수 있구나라는 생각을 했고, 또 나도 책으로 누군가에게 도움을 주고 싶다, 나도 성공해서 이런 책을 써보았으면 좋겠다’라고 생각했습니다.

그때부터 책은 저의 친구이자 인생의 동반자가 됐습니다. 그 이후 경제학, 인문학, 역사 등에 대한 책들을 끊임없이 읽어갔고, 한 권 한 권의 마지막 장을 덮을 때마다 세상을 조금씩 알아간다는 뿌듯함이 생겼습니다. 그러니 국밥집에서 처음 만난 책 광고는 말 그대로 운명적이었고, 또한 저에게는 행운의 여신이 아니었겠습니까? 하지만 그때까지만 해도 저에게 독서는 돈을 많이 벌고 싶어 읽었던 수단에 불과했습니다. 경매 관련 서적에 이어서 그다음에는 부동산과 주식 등 재테크 중심의 책들이었습니다. 특히 주식 관련 서적 중에서는 시골의사 박경철 저자의 책을 많이 읽었습니다. 그분의 책은 단순히 주식 투자 방법을 설명하는 데 그치지 않고, 인문학적 시각에서 사람과 사회에 대해 이야기하고 있었습니다. "사람이 세 명만 모여도 경제가 형성된다"는 말처럼, 결국 성공적인 재테크의 본질은 사람의 심리와 본성을 이해하는 데 있다는 것을 깨닫게 되었습니다. 인간의 본성을 이해하기 위해서는 인문 고전을 통해 삶의 방식을 배우고, 역사를 통해 인간 사회의 흐름을 이해하며, 철학을 통해 생각이 진화되어야 한다는 사실도 알게 되었습니다. 그리고 이러한 독서의 시간이 길어지고 깊어질수록, 공부는 단순히 돈을 더 잘 벌기 위한 확률을 높이는 데 그치지 않고, 인생에서 행복을 느끼는 시간 또한 더욱 풍요롭게 만들어 준다는 것을 깨닫게 해주었습니다. 그래서 저는 이렇게 생각합니다.

'책을 읽는다는 것은, 나의 변화를 위한 가장 최소한의 노력이다.'

책을 통해서 점점 성장하는 과정에서 드디어 퇴사를 결심하고 저만의 사업에 대한 부푼 꿈을 안고 창업 전선에 나섰습니다. 모아 놓은 돈이 그리 많지는 않았지만, 더 이상 미루다가는 아예 시작조차 못 할 것 같다는 생각도 강하게 들었습니다. 그때가 바로 2008년이었습니다. 그런데 퇴사한 후에 바로 식당을 차리는 것도 문제가 좀 있어 보였습니다. 과거에 제가 처음 고깃집을 인수한 후에 실패했던 이유는 제가 경험이 너무 없었다는 점이었습니다. 따라서 그 이후에도 음식점 경험이 없는 상태에서 바로 창업에 나선다는 것은 위험해 보였습니다. 결국 저는 제 미래의 창업을 위해 당시 전국적으로 유행했던 '벌집 삼겹살' 고깃집에서 시간제 아르바이트를 하기 시작했습니다. 그곳에서 여러 경험을 하다 보면 음식점이 어떻게 돌아가는지, 좋은 고기는 어디에서 가져오는지를 알 수 있는 것은 물론이고 하다못해 서빙하는 사람들의 동선을 어떻게 설계해야 좀 더 효율적인지도 알 수 있다고 봤습니다. 결국 저는 창업을 위한 공부로서 아르바이트를 시작했고, 수개월 동안 치밀하게 관찰하면서 저의 미래를 꿈꾸어 나갔습니다.

그런데 동네 고깃집이라 동네 사람들이 많이 오다 보니 친구나 아는 사람을 만나는 경우도 종종 있었습니다. 제가 멀쩡한 회사에 다니는 줄 알고 있던 사람들은 대학생들이 주로 하는 서빙이나 고기를 굽는 모습을 보고는 놀라서 묻기도 했습니다.

"야, 네가 왜 여기에서 고기를 굽고 있냐?"

그때마다 대충 얼버무리기는 했지만, 그다지 창피하다는 생각이 들지는 않았습니다. 엄연히 더 나은 나의 미래를 만들기 위한 하나의 과정이라고 생각했기 때문입니다. 이렇게 몇 개월의 아르바이트를 통해서 현장 경험을 쌓은 저는 드디어 제 사업을 결행해야 할 때가 왔다는 느낌이 들었습니다.

충격적인 스타일의 고깃집

당시 음식점 벤치마킹을 위해 서울 중계동에 갔을 때였습니다. 당시에 일명 '화로집'이라는 것이 유행하고 있었습니다. 어두운 분위기에 꽤나 고급스러운 인테리어가 있었고, 전통 화로로 고기를 구워서 먹는 새로운 트렌드의 음식점이었습니다. 게다가 재즈와 같은 차분하지만 때로 흥겨운 노래가 흘러나오고 와인도 팔고 있었습니다. 실제로 고기를 먹어보니 정말로 기가 막히다고 할 정도로 맛도 있었습니다. 그때 저는 일종의 충격을 받았다고 해도 과언이 아니었습니다.

'고깃집을 이렇게 멋지게 만들 수도 있구나!'

그때까지만 해도 저는 고깃집이라면 고기 냄새도 많이 나니까 내부 인테리어에 그다지 신경 쓰지 않았고, 조명도 별로 중요하지 않다고 여겼습니다. '고기가 맛있으면 그만이지 조명이 무슨 의미?'라는 식이었습니다. 게다가 '고깃집에 무슨 노래를 틀어? 왁자지껄 떠들면서 소주 한 잔 마시는 곳이 고깃집인데'라는 라는 생각만 가지고 있던 제가 완전히 다른 스타일의 고깃집을 보았으니 충격을 받지 않는 게 오히려 이상한 것일 수도 있습니다. 그때 완전히 결심을 했습니다.

'이 정도의 새로운 스타일이라면 진주에서 사업을 해볼 수도 있겠다!'

인테리어 하는 친구를 불러 최대한 비슷하게 인테리어를 좀 해달라고 부탁했고, 일본식 화로도 구해 놓고, 저만의 브랜드도 지었습니다. 바로 '화씨화로'였습니다. 화로의 '화(火)'를 따서 지어 의미 부여도 하고, 로고도 만들고 실내 음악으로 재즈도 틀어 놓고 와인도 준비해 놓았습니다. 또 요리를 하던 친구들도 불러 모아 식당 운영에 대한 노하우도 들었습니다. 아마 당시에는 제가 할 수 있는 모든 수단과 방법을 다 동원했을 것입니다. 심지어 돈이 별로 없었기 때문에 각종 주방 집기, 식탁과 의자들은 모조리 사정사정해서 외상으로 가져왔습니다. 그 와중에 돈을 빨리 주지 못해 욕을 먹기도 했습니다. 하지만 어쩌겠습니까? 이 식당에 저의 미래 운명이 걸려 있다고 생각하니, 못 할 일이 없었고, 무서울 것도 없었습니다. 결국 그 모든 준비를 마쳤고, 드디어 손꼽아 기다리던 개업 날이 다가왔습니다. 그렇게 힘겹게 만들어 놓고 보니, 정말로 식당은 그럴듯해 보였고, 저 역시 흡족함을 느낄 정도였습니다.

주변 사람과 비교할 수 없는 수입

지방에서 식당을 하게 되면 한 가지 단점이 있습니다. 자신들이 봐오던 익숙한 식당이 아니라 매우 생경하다고 느끼면 선뜻 들어오지를 않는다는 점입니다. 호기심을 가질 수는 있어도 막상 들어와 음식을 먹지 않습니다. 사실 저도 왜 그런지 이해가 가지는 않지만, 일단 손님들이 그런 특징을 가지고 있는 건 사실입니다. 그런데 제가 열었던 고깃집은 저 역시 서울에서 처음 보고 충격을 받을 정도로 새로운 스타일이 아닙니까? 그러니 지방에 있던 사람들이 보기에는 저보다 더 충격적인 식당이었을 것입니다. 하지만 이게 단점이기도 하지만, 또 장점이기도 합니다. 일단 한 번 손님이 생겨나고 입소문이 나게 되면 너도나도 식당을 찾곤 합니다. 특히 지방은 매우 좁기 때문에 한 번 소문이 나면 아주 빠르게 퍼지기도 합니다. 결국 초창기의 화씨화로에는 거의 손님이 없다시피 했지만, 조금만 시간이 흐르면서 손님들이 정말이지 물밀듯이 들이닥쳤습니다.

당시 29살의 나이였던 제가 어느 정도의 큰돈을 벌었냐고 한다면 지금의 물가를 따지면 한 달 순수익이 2천만 원이었습니다. 정말이지 제가 느끼기에 어마어마하게 큰 성공을 했던 것입니다. 더 중요한 점은 오전 점심시간에는 영업을 하지 않았습니다. 오후 5시부터 새벽 2시까지만 영업을 했습니다. 그럼에도 불구하고 그 정도의 순수익을 냈다는 것은 가히 기적적인 성공이라고 볼 수 있습니다. 심지어 제 주변에서 음식 장사를 하던 그 어떤 동년배나 선배들과 비교해도 제가 압도적으로 높았습니다.

서른 살도 되지 않은 청년이 그 정도의 돈을 번다는 사실은, 누군가에게는 지나치게 이른 나이의 성공이라고 볼 여지도 있습니다. 하지만 정작 저 자신은 그렇게 느끼지 않았습니다. 고등학교 졸업 이후의 근 10년간의 세월은 끊임없이 과거에 대한 후회가 문득문득 고개를 들었던 시간이었습니다. 게다가 첫 번째 고깃집의 실패와 힘들고 억울했던 직장생활이 마치 기나긴 시간처럼 느껴졌습니다. 다만 이런 시간을 견디면서 이뤄낸 성공이었던 만큼, 당시의 경험은 지금까지의 저를 만들어온 중요한 경험이자 사건 중 하나였습니다. 나도 열심히 노력하면 분명히 해낼 수 있다는 자신감이 들었고, 이제 더 이상 내가 못 배운 탓을 하는 것이 아니라, 공부하고 도전하면 할 수 있다는 희망까지 생겼습니다.

욕심은 크게 가지지만,
욕심을 부리지는 말자

이 두 사건을 겪으면서 욕심에 대한 저만의
생각을 완전히 정립했습니다. 희망, 목표, 꿈에 대한 욕심은 무한히 커야 한다,
돈 욕심도 있어야 한다. 하지만 사람 사이에서 돈으로 욕심 부리면
모든 것이 망가진다, 그러니 다른 건 몰라도
돈 욕심을 부리지는 말자고 말입니다.

저는 사람이라면 누구나 욕심이 있고, 또 있어야 한다고 생각합니다. 욕심이 없는 사람은 오히려 아무것도 시도하지 않고, 따라서 아무것도 이루지 못한 채 살아가기 쉽습니다. 일단 욕심이 있어야 뭔가에 도전하게 되고, 그래야만 성취라는 결과도 만들어낼 수 있기 때문입니다. 그런 의미에서 저는 욕심은 크면 클수록 오히려 좋다고 생각하는 편입니다. 다만, 욕심을 크게 가지는 것과 욕심을 부리는 것 사이에는 큰 차이가 있다고 봅니다. 욕심을 크게 가지는 것은 스스로에게 동기를 부여하는 일이고, 따라서 실행력을 강하게 해주는 계기가 됩니다. 하지만 욕심을 부리는 것은 이야기가 다릅니다. 준비도 되어 있지 않고, 그에 걸맞은 능

력이나 책임을 감당할 자세도 없으면서 결과만 과도하게 원하는 상태입니다. 이렇게 욕심을 부리게 되면 다른 사람의 몫을 함부로 침범하거나, 자신의 이익을 위해 타인을 속이는 지경에까지 이르기도 합니다. 문제는 이렇게 욕심을 부리는 순간, 그 사람의 인간관계와 신뢰가 조금씩 무너진다는 점입니다. 당장은 이익을 보는 것처럼 느껴질 수 있지만, 결국 이제까지 쌓아온 관계도 허물어집니다. 제가 이러한 욕심에 대한 나름의 철학을 가지게 된 이유는, 사업을 하면서 만났던 사람들 중 일부는 욕심을 부려 자신에게 오히려 도움이 되지 않는 결과를 만들어 냈기 때문입니다.

의욕 넘친 부동산 중개

화씨화로가 성공적으로 운영되고는 있었지만, 문제라고 한다면 낮 시간에 별로 할 일이 없다는 점입니다. 새벽 2시에 영업을 마치고 집으로 돌아와 잠을 자고 나면 대략 아침 8시 정도면 눈이 떠졌습니다. 그러면 그때부터 다시 영업이 시작되는 5시까지는 별로 할 일이 없었습니다. 이 시간에 할 일을 찾으려고 보니 제가 읽었던 부동산 경매에 대한 내용이 떠올랐습니다. 경매는 시간에 얽매이는 일이 아니니, 제가 원하는 시간에 할 수 있겠다 싶어 안성맞춤이었습니다. 게다가 이론적으로는 경매의 절차와 성공의 방법에 대해서는 거의 마스터한 상태였습니다. 실전 경험만 쌓으면, 부동산으로도 돈을 벌 수 있겠다 싶었습니다.

주변의 부동산을 찾아가서 경매에 관해 배우려고 했더니 일반 부동산에서는 그런 실전 경험을 쌓을 수 없었습니다. 결국 부동산과 관련된 일을 하고 있다는 친구를 만나 부동산에서 어떤 일을 하는지부터 자세히 들어봤습니다. 알고 보니 손님이 있으면 원룸을 소개해주고 수수료를 받는 것이 주 업무였습니다. 그냥 중개를 담당하는 프리랜서와 같은 일이었습니다. 원룸 물건을 얼마나 많이 가지고 있느냐가 얼마나 많은 돈을 버는지를 결정하는 원리였습니다. 그래서 아직 경매에 뛰어들지는 못하더라도 일단 원룸 중개를 통해 부동산을 바닥부터 알 수 있지 않을까 하는 생각이 들었습니다.

인근에서 가장 큰 부동산을 찾아가 저도 프리랜서를 하겠다고 말했더니 흔쾌히 허락했습니다. 사실 부동산 측에서는 거절할 이유가 없습니다. 자신들은 물건이 많으니, 저처럼 고객을 응대하고 발품을 팔아줄 사람이 필요했기 때문입니다. 그때부터 낮 시간은 매일 전봇대에 물건과 제 전화번호가 있는 벽보를 붙이는 일을 했습니다. 그리고 밤이 되면 다시 음식점으로 가서 새벽까지 영업을 하는 시간이 이어졌습니다.

그런데 약 한 달 정도 해보니 제가 부동산으로부터 받은 물건도 꽤 많아졌고, 이 일만 제대로 해도 돈이 꽤 될 것 같은 예상이 됐습니다. 한 건당 수수료가 12만~15만 원 정도였으니까 10건만 하더라도 120만~150만 원 정도가 될 수 있었기 때문입니다. 혼자서 하기보다는 두 명이 함께하면 훨씬 효율적일 것이라는 계산이 섰습니다. 처음 부동산 중개 일을 저에게 알려줬던 친구에게 제안했습니다.

"야, 나랑 이걸 전문적으로 해보지 않을래? 내가 부동산에서 물건을 받아서 문서로 정리하고 벽보들을 만들고, 낮 시간이나 혹은 새벽 영업이 끝난 뒤에 붙이면 꽤 돈이 될 것 같아. 그리고 낮에 손님이 오면 네가 만나서 계약을 하면 되잖아?"

결국 그렇게 저는 친구와 각자 해야 할 일은 정하고 동업을 하게 되었습니다. 물론 서로의 이익은 5:5로 나누기로 했습니다.

대단하고, 황당한 배신

그렇게 본격적으로 일을 시작한 지 한 달, 두 달이 되면서 꽤나 많은 돈을 벌 수 있었습니다. 그런데 그때부터 이 친구가 욕심을 부리기 시작했습니다. 자신은 외부에서 발품을 팔면서 고객들을 만나는데, 저는 그저 편하게 문서 작업만 한다는 이유로 수익 비율을 6:4로 바꾸자고 했습니다. 사실 저는 이미 음식점으로도 상당한 돈을 벌고 있었기 때문에 흔쾌히 그러자고 했습니다. 그렇게 해서 계속 영업과 계약을 이어가고 있는데, 그 친구는 더 많은 욕심을 부리기 시작했습니다. 그 친구가 어느 날 저에게 꽤나 놀라운 말을 했습니다.

"야, 나는 너랑 이 일을 못 하겠다."

저는 깜짝 놀랐습니다. 돈도 잘 벌리고 있었고, 저와의 관계도 아무런 문제가 없었는데, 갑자기 일을 못 하겠다니 저로서는 의아할 수밖에 없었습니다. 혹시 친구에게 일을 하지 못할 사정이 있나 싶어 물었습니다.

"어? 왜? 너 무슨 일 있어?"
"아니, 너는 음식점으로도 돈 벌고, 부동산으로도 돈 벌어서 너 혼자 잘될까 싶어서 배 아파서 못 하겠다."

저는 그 이야기를 듣고 속으로 '와~ 정말 대단하다'라는 생각밖에 들지 않았습니다. 음식점은 그 친구와는 아무런 상관없는 그저 나의 사업일 뿐이기 때문에 부동산 중개와는 완전히 별도입니다. 그런데 네가 잘

돼서 배 아파서 너랑 못 하겠다'고 하니, 참 황당하면서도 대단하다는 생각이 들었습니다. 그때 저는 이런 게 정말 '욕심을 내는 것이 아니라 욕심을 부리는 것'이라고 여겼습니다. 저는 이런 상태에서는 아무리 뭔가 설득을 하고, 수익을 더 나누어 준다고 하더라도 함께 일하는 것은 불가능하다고 생각했습니다. 저의 대답은 간단했습니다.

"그래, 나 내일부터 안 나올 테니까, 그럼 너 혼자서 잘해봐라."

제 성격이 쿨하기 때문에 이렇게 단번에 포기했던 것은 아닙니다. 뭔가를 더 말할 기력조차 없었기 때문입니다.

그렇게 그날 저녁 저는 친구에게 남겨줄 자료를 정리하고 있다가 너무도 화가 났습니다. 결국 친구에게 줄 물건 자료를 엉망으로 만들어 놓았습니다. 집 주소를 섞어버려서 전혀 엉뚱하게 만들어 버렸고, 주인 연락처도 번호를 바꿔버렸습니다. 너무도 황당한 배신에 대한 저의 소심한 복수라고나 할까요?

사실 그 친구는 저에게 단순한 친구가 아니었습니다. 초등학교, 중학교를 모두 같은 학교를 나왔고 사회생활을 할 때 잠깐 못 만났을 뿐, 여전히 '불알친구'라고 해도 전혀 과언이 아닌 사이였기 때문입니다. 저는 그 사건 이후 따로 부동산 일을 찾아 할 수도 있었지만, 그 충격이 너무나 커서 더 이상 부동산 일을 하기가 싫어졌습니다.

누군가 몰래 해놓은 상표 등록

이렇게 배신을 당하는 일은 또 한 번 있었습니다. 화씨화로를 운영하던 중, 아는 형님에게 동업을 제안했었습니다. 저는 창업 당시 온갖 집기 등의 비용을 대부분 공짜로 가져왔기 때문에 한꺼번에 갚아야 했고, 그러자면 돈이 필요했습니다. 그 형은 식자재와 고기를 유통하는 사람이어서 저 역시 다소 저렴한 금액으로 공급받을 수 있었습니다. 결국 형에게 돈을 빌리는 대신, 동업자로 참여시켜 식자재와 고기를 공급받을 심산이었습니다. 그렇게 해서 창업 초기의 빚을 싹 갚을 수 있었고, 이후 안정적으로 식당을 영업할 수 있었으며 많은 매출을 올렸습니다. 그렇게 수개월이 흘렀을 때 저는 충격적인 소식을 듣게 됐습니다.

단골손님 중에 변리사가 있었는데, 그분과 친해지다 보니 식당도 상표 등록이라는 것을 할 수 있고, 또 하는 것이 훨씬 유리하다는 이야기를 듣게 됐습니다. 그래서 변리사에게 부탁을 해서 제가 만든 '화씨화로'를 등록하려고 했더니, 누군가가 이미 상표를 등록해 놓았다는 것 아닙니까! 그런데 더 중요한 사실은 그 등록자가 바로 제가 돈을 빌리고 식자재를 공급받았던 그 형이었습니다. 도대체 앞뒤가 연결이 되지 않아 머릿속은 혼란으로 가득했습니다.

“아니⋯, 그 형이 왜⋯.”

결국 그 형에게 따져 물어보는 것 이외에 다른 방법으로 저의 의문을 풀 수 없었습니다. 그런데 그 답이 가관이었습니다. 자신이 상표 등록이 안 됐다는 사실을 알고, 혹시나 해서 제 상표를 누군가가 빼앗아갈까 봐 자신이 먼저 등록해 놓았다는 이야기였습니다. 하지만 누가 이 말을 믿겠습니까. 설사 상표 등록이 안 되었다는 사실을 알게 되면 저에게 말 한마디 해주면 그만입니다. 하지만 그걸 말하지 않고 자신이 등록했다는 것은 기회를 틈타서 언젠가는 자신이 빼앗으려 했다는 의도일 뿐이었습니다.

이 두 사건을 겪으면서 욕심에 대한 저만의 생각을 완전히 정립했습니다. 희망, 목표, 꿈에 대한 욕심은 무한히 커야 한다, 돈 욕심도 있어야 한다. 하지만 사람 사이에서 돈으로 욕심 부리면 모든 것이 망가진다, 그러니 다른 건 몰라도 돈 욕심을 부리지는 말자고 말입니다.

그 당시 저의 생각은 지금도 여전히 유효하고, 또한 앞으로도 그럴 것이라고 생각합니다. 사업을 하다 보면, 돈 문제로 수없이 얽히고설키고, 또한 줘야 할 돈도 많고 받아야 할 돈도 많습니다. 여기에서 사업가인 제가 욕심을 부리기 시작하면 그것이 바로 내가 서서히 망하기 시작하는 지름길이라고 생각합니다. 근로자들에게 주어야 할 월급을 줄이면 그분들의 근로 의욕이 낮아지고, 이 회사를 자신의 직장으로 생각하지 않게 될 것입니다. 식재료에 들어가는 돈을 줄이려고 마음먹는다면 소비자는 건강하지 못한 재료를 섭취하게 됩니다. 결국 돈 욕심을 부리게 되면 회사도 망가지고, 소비자들로부터의 신뢰도 잃게 됩니다. 돈을 제대로 벌기 위해서는 돈 욕심을 부리지 말아야 한다는 것은 아이러니이기는 하지만, 또한 진실이 아닌가 싶습니다.

닫힌 문을 안타까워하지 말고
새롭게 열릴 문에 도전하라

이탈리아의 예술가였던 미켈란젤로는 이런 말을 했다고 합니다.
"가장 큰 위험은 목표를 너무 높게 잡아서
달성하지 못하는 것이 아니라,
목표를 너무 낮게 잡아서 달성하는 것이다."

사업을 하다 보면, 현재 하고 있는 사업이 비록 잘되고 있다고 하더라도 안심을 할 수는 없습니다. 언제 막강한 경쟁자가 등장할지, 언제 소비자의 트렌드가 변할지 아무도 알 수 없기 때문입니다. 저 역시 마찬가지였습니다. 거기다가 저는 첫 번째도, 두 번째도 오로지 식당 사업밖에는 경험을 해보질 못했습니다. 좀 더 다양한 사업의 영역으로 나가보고 싶다는 성장에 대한 욕구도 생겼고, 또한 지금의 식당 경험을 되살려 좀 더 큰 외식 사업을 해보고 싶다는 생각도 들었습니다. 특히 지방에서 식당이 잘된다고 해도, 결국 지방일 뿐이라는 한계도 어느 정도 있는 것이 사실입니다. 그래서 화씨화로를 운영하던 중에 또 다른 여러 사업에 도전했습니다.

　부동산 중개 이후 도전했던 일이 바로 꽃 배달 사업이었습니다. 제 또래의 친구들은 결혼도 많이 하고, 또 이제 아버지 세대가 돌아가시는 일도 생기곤 합니다. 화환이 종종 필요할 때가 있다는 이야기입니다. 거기다가 지역의 봉사 단체인 로터리클럽에 가입하게 되면 그쪽에도 인맥이 생기기 때문에 꽃집을 차리면 쏠쏠하게 배달이 있을 것이라 생각했습니다. 다만 큰 성공을 거두지는 못했고 사업 경험을 쌓는 수준이었습니다.

　또 다른 사업은 캠핑장이나 펜션의 고기 배달 사업이었습니다. 사람들이 캠핑장이나 펜션에 머물게 되면 거의 대부분 숯불에 고기를 구워 먹곤 합니다. 그런데 이 과정이 다소 귀찮은 건 사실입니다. 숯을 구해 오고, 불을 피워야 하고, 고기도 사 와서 구워야 합니다. 채소, 마늘, 된장 등 준비해야 할 것도 한두 가지가 아닙니다. 바로 이런 일을 대행해 주는 일입니다. 특히나 화씨화로는 이런 준비를 해줄 수 있는 최적의 베이스 기지입니다. 고기가 있고, 숯도 있고, 화로까지 있고, 각종 양념까지 있으니, 그저 아르바이트 학생 한두 명과 배달을 하면 그만이기 때문입니다.

새로운 사업으로의 확장, 그리고 구제역

이 출장고기뷔페 사업을 구상하게 된 것은 매우 우연이었습니다. 저는 고등학교 시절은 물론이고, 그 이후에도 단 한 번도 제대로 쉬어 본 적이 없었습니다. 휴가라는 것은 아예 상상조차 할 수 없는 생활이었습니다. 오죽하면 서른 살이 될 때까지 해외로 나가는 비행기를 한 번도 타본 적이 없었습니다. 거기다가 주말에는 손님들이 더욱 몰려서 제대로 쉬어보지도 못했습니다.

그러던 어느 날, 저도 며칠쯤은 쉬어보자는 생각이 들었습니다. 그렇게 별다른 계획 없이 펜션으로 향했습니다. 그곳에서 사람들을 지켜보다 보니, 고기를 구워 먹기 위해 바쁘게 움직이는 장면이 자주 눈에 들어왔습니다. 그런데 펜션 주인은 땀 흘리며 숯을 피우고, 불을 관리하고, 손님들 중 남자 한 명은 테이블에 앉지도 못한 채 고기를 열심히 굽고 있었습니다. 궁금한 마음에 펜션 사장님에게 그 이야기를 꺼냈더니, "손님이 해달라고 하니까 어쩔 수 없이 해주는 거지, 사실 이것도 꽤 힘들고 귀찮다"는 말을 들었습니다. 사업을 해본 사람이라면 다들 알겠지만, 사람들이 불편해하고 귀찮아하는 지점을 해결해주는 곳에서 돈이 생깁니다.

그때 얻은 아이디어를 바탕으로, 이후 저는 펜션과 캠핑장 사장님들을 찾아다니기 시작했습니다. 손님 중 고기와 야채가 필요한 고객이 있으면 전화를 달라고 했고, 사전에 예약한 고객이 있다면 역시 고기 주문 예약도 함께 받아 달라고 부탁했습니다. 거기다가 펜션 사장님을 대신해 숯불도 피워 주고 화로까지 제공해 손님들이 다 같이 편안하게 고기를 먹을 수 있게 서비스 해주겠다고 했습니다. 그 대가로 매출의 20%를 수수료로 드리겠다고 했으니, 사장님들에게도 그리 나쁜 제안은 아닌 듯했습니다.

처음에는 주말 손님을 중심으로 20인분 정도의 주문이 들어오곤 했습니다. 평일에는 주문이 거의 없어 큰 수익이 되지는 않았지만, 수요가 있다는 것 자체가 꽤나 희망적으로 느껴졌습니다. 거기다가 그 일을 계속하다 보니, 지역을 조금 더 넓히고 보다 체계적으로 운영한다면 충분히 가능성이 있겠다는 생각이 들었습니다. 특히 지역과 지역의 거점에 가게를 하나 두고 본격적으로 사업을 하게 되면, 커버할 수 있는 범위가 자연스럽게 넓어지고 수익도 함께 늘어날 것 같았습니다.

화씨화로는 그대로 운영을 하면서 의욕적으로 신사업을 준비하던 때가 바로 2010년이었습니다. 그런데 재앙이 시작됐습니다. 우리나라에 '구제역'이 발생했다는 소식이 뉴스에 나오기 시작하더니, 그 피해는 순식간에 전국으로 번져 나갔습니다. 살처분된 돼지 수가 300만 마리를 넘어서면서, 축산업 전반과 연관 산업이 입은 피해 규모도 3조 원에 달했습니다. 이런 상황에서 소비자들은 불안감이 커지면서 고기를 먹는 일 자체를 꺼리게 되었고, 외식 수요도 급격히 줄어들었습니다. 화씨화로 역시 직격탄을 맞을 수밖에 없었고, 출장고기뷔페 사업 또한 예외는 아니었습니다. 매출은 빠르게 줄어들었고, 이전과 같은 방식으로는 버텨내기 어려운 상황이 이어졌습니다. 결국 그 시기, 돼지고기와 소고기를 주력으로 하던 많은 식당들이 하나둘 폐업하게 됐고, 저도 예외일 수는 없었습니다. 지금의 기억으로는 당시에 많은 자영업자들이 이걸 도대체 어떻게 해야 하는지 몹시 당황했던 장면들이 떠오릅니다. 저는 폐업까지는 하지 않았지만, 다음 사업을 위한 구체적인 준비를 더욱 서둘렀습니다.

새로운 희망, 만기다(飯氣茶)

그때 저는 트렌드 서적으로 책의 분야를 넓히고 있었고, 그중에 미래에는 고령화 사회가 다가오기 때문에 노인들이 편하게 먹을 수 있는 죽이 괜찮은 사업이 될 수 있겠다는 판단을 했습니다. 실제로 제가 운영했던 고깃집에는 노인 분들이 많지 않았습니다. 그 이유는 노인 분들은 치아도 약하고, 소화력도 약하기 때문입니다. 그분들이 식사를 하기에 죽은 최적의 대안이 아닐까 생각이 들었습니다. 거기다가 사람들이 몸이 아프거나 병원에 입원할 때 죽을 먹게 되니 이모저모로 수요가 많다는 생각에 이르렀습니다.

다만 죽이라면 여느 가정집에서도 그리 어렵지 않게 만드는 음식이 기는 합니다. 곰탕이나 갈비탕처럼 몇 시간씩 우려내야 하는 음식도 아니고, 다양한 식재료가 들어가서 손이 많이 가는 음식도 아닙니다. 집에 있는 재료만 가지고도 뚝딱뚝딱 만들 수 있습니다. 그런 점에서 제가 만드는 죽은 가정집에서는 따라 할 수 없는 특별한 죽이어야 했습니다. 그래서 모든 질문은 '그럼 어떤 특별한 죽을 만들어야 하는가?'였습니다.

죽에 대해 본격적으로 공부하다 보니, 결국 식재료는 크게 다르지 않고 맛을 내는 것에도 한계가 있다고 여겨졌습니다. 그러다 보니 떠오른 음식이 있었습니다. 바로 몇 개월 전에 산청의 한 음식점에서 먹어본 약초 샤부샤부였습니다. 말 그대로 약초와 소고기로 국물 맛을 내어 먹는 샤부샤부 음식이었는데, 그 국물 맛이 기가 막혔다는 기억이 떠올랐습니다. 그리고 마지막에 그 국물에 밥을 비벼서 먹었는데, 그 밥맛도 꿀 맛이었습니다. 실제 산청은 국제 약초 엑스포를 준비할 만큼 약초로 유명한 지역이었습니다. 그때 이런 생각이 떠올랐습니다.

‘그래, 약초 국물을 내서 죽을 만들어 보자!’

그렇게 해서 탄생한 브랜드가 '반기다'였습니다. 밥을 의미하는 반飯, 기운을 의미하는 기氣, 차를 의미하는 다茶를 섞어서 만들었습니다. 각각의 뜻도 좋지만, 그것이 합쳐진 '반기다'라는 말은 누군가를 보고 미소를 지으며 즐거워한다는 뜻이니, 전체적인 의미도 좋았습니다.

사업가로의 본격적인 변신

사업을 하다 보면 장사가 잘될 때도 있고, 잘 안될 때도 있습니다. 하지만 구제역과 같은 외부적인 충격으로 인해 강제적으로 매출이 떨어지는 일은 차원이 다릅니다. 거기다가 화씨화로는 장사가 꽤 잘됐기 때문에 마음이 더 아팠습니다. 하지만 늘 막다른 골목에서 사람은 반드시 탈출구를 만드는가 봅니다. '위기는 기회다'라는 말도 바로 그런 맥락이 아니겠습니까?

무엇보다 반기다를 준비하면서 드디어 '진주에서의 고깃집'이라는 우물에서 탈출할 수 있었습니다. 앞에서도 말씀드렸지만, 늘 제가 봐왔던 성공한 사람들은 음식점 창업이었습니다. 거기다가 첫 번째 제가 했던 장사가 고기였기 때문에 두 번째 화씨화로도 고기에 머물렀습니다. 지방을 벗어날 시도를 해보지 못했으니 결국 돌고 돌아 '진주에서의 고깃집'이었던 셈입니다.

그런데 반기다는 드디어 저를 고기에서 벗어나 죽이라는 새로운 아이템으로 갈 수 있게 해주었습니다. 하지만 이보다 더 중요한 점은 드디어 서울로 진출했다는 점입니다. 그간 늘 지방이 아닌 서울에서 뭔가 승부를 봐야 내 그릇도 더욱 커지고, 사업 규모도 키울 수 있다고 봤습니다. 하지만 본격적인 시도를 못 했던 것입니다. 게다가 반기다가 중요한 또 하나의 이유가 있었습니다. 드디어 제가 '자영업자'가 아닌, '본격적인 사업가'로 커나갈 수 있는 기회가 되었습니다. 왜냐하면 당시의 저는 반기다 본점을 성공시킨 후에 전국적인 프랜차이즈로 키울 생각을 했기 때문입니다. 사실 요즘에야 프랜차이즈가 워낙 성행하고 누구나 알고 있는 것이지만, 당시의 저에게 '서울에 본점이 있는 전국적인 프랜차이즈 사업'은 동네 꼬마가 어느덧 성장해 대학생이 된 것 같은 느낌이었습니다. 저도 모르게 더 큰 생각을 하고, 더 큰 규모를 꿈꾸고, 더 나은 미래를 꿈꾸고 있었습니다. 그렇게 해서 저는 과거보다 더 큰 비전을 가지고 하동 출신으로 서울에 살고 있는 후배 한 명과 새로운 항해를 시작하게 되었습니다.

사실 당시 반기다의 시작은, 오늘날 제가 전 세계를 대상으로 김밥 사업을 펼치는 데 있어 매우 중요한 도약대가 되었다고 봅니다. 만약 반기다의 창업의 과정이 없었다면 저는 여전히 진주에 있었을 것이며, 고기를 벗어나지 못했을 것이고, 결국 자영업자에 머물렀을 것이기 때문입니다.

이탈리아의 예술가였던 미켈란젤로는 이런 말을 했다고 합니다.

"가장 큰 위험은 목표를 너무 높게 잡아서 달성하지 못하는 것이 아니라, 목표를 너무 낮게 잡아서 달성하는 것이다."

물론 결론적으로 보자면 반기다는 저의 생각만큼 크게 성공하지는 못했습니다. 하지만 최소한 너무 낮게 잡아서 달성하는 것보다는 훨씬 큰 교훈을 얻었고, 경험을 쌓도록 도와준 과정이었습니다.

급한 마음에 시작하는 것은
실패를 준비하는 일이다

이런 막다른 길에 몰리자 저의 식생활도 비참해지기 시작했습니다.

따로 음식을 사 먹는 돈도 아까워서 남은 수육을 먹는 일도 많아지고,

그냥 배를 불리기 위해 닭다리 하나에 맥주를 먹기도 했습니다.

그때부터는 끼니를 해결하기 위해 식당에 가기보다는

편의점으로 향하는 일이 더 많아졌습니다.

반기다로 사업을 영위했던 기간은 약 1년 정도였습니다. 하지만 그 기간은 정말로 버티는 기간이었습니다. 돈이 없어서 그때까지 겸업을 하고 있었던 화씨화로를 동업하던 형에게 권리금을 받고 모두 넘기기까지 했습니다. 어떤 면에서는 처절한 실패라고 해도 과언이 아니었습니다. 마지막으로 사업을 접을 당시에는 월세를 내지 못해 보증금까지 모두 까이고 빈털터리 신세가 되었기 때문입니다. 물론 그 잘못은 온전히 저의 잘못된 판단 때문이었습니다. 반기다의 죽이 맛이 없어서가 아니었습니다. 상권에 대한 이해 부족, 서울이라는 곳의 문화에 대한 이해 부족 때문이었습니다.

사실 그때까지만 해도 저는 음식점 장사에서 제일 중요한 것은 맛이라고 생각했습니다. 물론 상권도 좋아야 하는 것은 당연하다고 생각했지만, 그 상권을 바라보는 저의 시야가 극히 한정되어 있었습니다. 그냥 '유동 인구가 많으면 장사가 잘되겠지'라는 정도에 그쳤습니다. 거기다가 화씨화로는 진주에서 영업을 하고 있었으니, 제가 봐왔던 도시의 문화라는 것이 진주에 불과했습니다. 저는 진주의 소비문화와 서울의 소비문화가 크게 다를 것이라고는 상상도 하지 못했습니다. 결국 상권과 문화라는 측면을 간과한 나머지 또다시 실패에 무릎을 꿇을 수밖에 없었습니다. 사실 그때까지만 해도 저는 상권이나 문화가 대한민국의 영토 안에서 다르면 뭐가 그리 다르겠냐고 여겼습니다. 하지만 그 차이는 정말이지 충격적일 정도였습니다. 서울에 사시는 분들은 잘 체감하지 못하겠지만, 지방에만 살았던 저로서는 마치 전혀 딴 세상과 같았습니다. 하지만 당시 반기다에서의 실패는 지금도 식품 제조업을 하고 있는 저의 안목을 한 단계 높여주는 중요한 계기였습니다.

급했던 마음, 준비된 실패

서울에서 매장을 얻었던 곳은 압구정동 갤러리아백화점 바로 맞은편이었습니다. 당시 압구정동은 서울 내에서도 최고의 상권으로 불리는 곳이었습니다. 그 이름에 걸맞게 한 달 월세 500만 원, 관리비만 70~80만 원 정도였으니 가게의 전체적인 운영비만 600만 원이 훌쩍 넘어갔습니다. 그런데 저는 바로 이 부분에서부터 삐걱거리기 시작했습니다. 저는 당시 서울에 매장을 임대할 때 '관리비'라는 명목이 들어간다는 사실조차 모르고 있었습니다. 어떻게 보면 사전에 철저한 준비가 얼마나 부족했는지를 알 수 있게 하는 대목이라고 볼 수도 있겠습니다.

물론 그런 사소한 것에서부터 실수를 한 이유는 분명히 있긴 했습니다. 일단 구제역이 돌기 시작한 초창기였기 때문에 저는 마음이 급했습니다. 어떻게든 새로운 돌파구를 빨리 만들어야 했고, 서울에서 본격적인 프랜차이즈로 성공하고 싶은 마음이 앞섰습니다. 어떤 면에서 보면 저는 사면초가에 몰려 급한 마음에 창업을 더욱 몰아붙였고, 불안한 마음에 빨리 성공해야 한다는 생각에 장악당했다고 볼 수도 있었습니다.

일단 반기다 죽의 맛 자체는 상당히 좋았다고 자부할 정도였습니다. 당시 압구정동에는 연예인들이 많이 살았기 때문에 유명인들도 저희 음식점에 가끔 와서 포장해 갈 정도였기 때문입니다. 거기다가 죽이라는 음식을 하다 보니 맛이 없을 수가 없는 음식이었습니다. 특히 약초가 들어간 육수를 사용했기 때문에 인근의 죽집에 비하면 탁월하긴 했습니다. 그런데 음식점은 맛으로만 성공할 수 없다는 사실을 철저하게 깨닫게 됐습니다.

일단 상권이 문제였습니다. 서울에 가서 봤던 압구정동의 상권은 정말로 환상적이었습니다. 지하철이 가깝고 갤러리아백화점까지 있었으니 유동 인구가 얼마나 많았겠습니까? 거리에는 남녀노소 할 것 없이 끊임없이 사람들이 오갔고, 외국인 관광객들도 많았습니다. 따라서 압구정 한가운데에 있는 특별하고 맛있는 죽집이라면 누구라도 와서 사 먹을 것이라고 생각했습니다. 더 중요한 것은 가까운 곳에 자생한방병원이 있었다는 점입니다. 병원이라면 입원해 있는 사람도 많을 것이니, 당연히 가족이나 병문안을 가는 사람들이 죽 한 그릇 정도를 사 갈 수 있다고 보았습니다. 그러니 반기다의 성공은 마치 상권이 보증하고 있는 듯이 보였습니다.

밤에 경험한 압구정동

저의 상권 분석은 생각보다 훨씬 단순했고, 겉으로 보이는 모습만을 기준으로 한 표피적인 판단에 불과했습니다. 낮 시간에 몇 번 둘러본 장면만으로 '이 정도면 되겠다'고 결론을 내린 것이 문제였습니다. 막상 개업을 하고 밤이 되자 상황은 전혀 달랐습니다. 낮에는 그렇게 북적이던

거리가 저녁이 되자 조용해졌고, 불과 몇 시간 전까지 보이던 사람들은 어디로 갔는지 어리둥절할 정도였습니다. 점심 영업은 물론, 저녁 영업도 해야 하는 저에게는 치명적인 약점이었습니다.

알고 보니 당시 압구정동은 낮 상권이 훨씬 강한 지역이었습니다. 성형외과나 피부과를 찾는 이들, 카페를 오가는 사람들, 관광객과 쇼핑객들로 낮에는 활기가 넘쳤습니다. 특히 갤러리아백화점 일대는 늘 붐볐습니다. 저는 그 풍경을 보며 자연스럽게 상상했습니다. 낮에 쇼핑을 마친 사람들이 저녁이 되면 손에 쇼핑백을 들고 제 죽집으로 들어오는 모습을 말입니다. 하지만 현실은 달랐습니다. 저녁이 되면 쇼핑객들은 대부분 다른 지역으로 이동했습니다. 퇴근한 직장인들 역시 압구정동에서 식사를 해결하기보다는 각자의 생활권으로 돌아갔습니다. 압구정동 상권은 낮과 밤이 전혀 다른 얼굴을 하고 있었습니다. 결국 이 단순한 판단이 큰 패착으로 이어졌습니다.

그나마 기대를 걸고 있던 자생한방병원에 대한 분석도 너무 순진한 계산이었습니다. 그때만 해도 지방에서는 문병을 갈 때 죽이나 음료수를 사 들고 가는 것이 자연스러운 모습이었고, 환자와 함께 나누어 먹기도 했습니다. 저는 서울도 크게 다르지 않을 것이라고 막연히 생각했습니다. 병원 근처에 있으니 자연스럽게 수요가 생길 것이라고 믿었습니다. 하지만 서울의 병원은 분위기가 달랐습니다. 외부 음식 반입이 쉽지 않았고, 위생과 규정이 훨씬 엄격했습니다. 지방처럼 가족들이 음식을 싸 와서 환자에게 건네거나 병실에서 나누어 먹는 모습은 좀처럼 보기 어려웠습니다. 저는 지역적 차이와 환경의 변화를 충분히 고려하지 못한 채, 지방의 경험에 기대어 판단을 내렸던 것입니다.

결국 막상 반기다를 열고 영업을 시작했지만, 매출은 하루 평균 20만 원 정도 수준에 머물렀습니다. 하지만 그렇게 해봐야 쉬는 날을 빼면 한 달 매출은 500만 원, 여기에 월세, 관리비, 그리고 식재료 및 각종 부가 비용을 빼면 매달 적자가 쌓여가는 우울한 상황이 이어졌습니다. 결국 가게를 다시 내놓았지만, 그마저도 나가지 않아서 억지로 가게를 유지해야 하는 상황에 몰렸습니다. 중간에는 메뉴를 수육으로 바꿔보았지만 그마저도 녹록지 않았습니다. 이런 막다른 길에 몰리자 저의 식생활도 비참해지기 시작했습니다. 따로 음식을 사 먹는 돈도 아까워서 남은 수육을 먹는 일도 많아지고, 그냥 배를 불리기 위해 닭다리 하나에 맥주를 먹기도 했습니다. 그때부터는 끼니를 해결하기 위해 식당에 가기보다는 편의점으로 향하는 일이 더 많아졌습니다.

하지만 그런 상황에서도 저는 또다시 업종을 전환할 수 있는 계기를 맞이하게 되었습니다. 그것이 바로 이유식 택배 사업으로의 전환이었습니다. 어느 날 한 여자 손님이 두 번 정도 찾아와 죽을 사 간 적이 있었습니다. 특별히 눈에 띄는 손님은 아니었기에 그저 단골이 한 명 늘었구나 하는 생각 정도였습니다. 그런데 매번 방문할 때마다 그녀는 소금 간을 하지 말고 죽을 달라고 했습니다.

저는 순간 조금 의아했습니다. 죽에 소금 간을 하지 않으면 맛이 없을 텐데, 왜 그런 요청을 했을까? 그 이유를 물어보니, 그녀는 아기에게 죽을 주려고 하는데, 이유식에는 소금 간을 하지 않아야 한다고 말했습니다. 저는 그런 말을 처음으로 들었습니다. 하긴, 이제 막 서른 살이 된 총각이었으니, 이유식에 대해 개념이 있을 리가 없었습니다.

그날 저녁, 가게 문을 닫은 뒤 저는 인터넷에 '이유식'이라는 단어를 검색해 보았습니다. 그때부터 놀라운 이유식의 세계를 알게 됐습니다. 이미 적지 않은 이유식 배달 업체들이 운영되고 있었고, 부모들은 인터넷 웹사이트를 통해 주문을 하고 있었습니다. 사업자는 정성껏 만든 이유식을 택배로 보내면 그만이었습니다. 매장을 찾는 손님을 기다리는 방식이 아니라, 전국에서 주문을 받아 보내는 구조였습니다.

'그래 차라리 잘됐다! 여기 상권에는 죽 수요가 많이 없으니 홀 장사를 하지 말고 차라리 이유식을 택배로 판매하는 사업을 해보자.'

게다가 전국을 대상으로 사업을 해보는 것은 저의 오랜 꿈이기도 했습니다. 웹사이트를 통한다면 그러한 꿈도 이룰 수 있을 것 같았습니다. 그렇게 해서 저는 나가고 싶어도 나갈 수 없는 압구정 매장에서 본격적인 택배 사업을 준비하기 시작했습니다. 문제는 그러한 시도마저 무기력하게 좌절되었다는 점입니다.

반기다의 실패는 준비 없이 시작한 사업이 얼마나 허망하게 무너지는지를 경험하게 했습니다. 빨리 사업을 성공시켜야 한다는 생각에 상권 분석도 소홀했고, 문화 차이에 대한 이해도 없었습니다. 더 중요했던 점은 사업을 하는 사람의 마음가짐이었다고 봅니다. 급한 마음, 불안한 마음이 내재되어 있는 상태에서는 모든 것이 헝클어지고 만다는 것입니다.

물론 이 사업이 실패했다고 하더라도 의미가 없는 것은 아니었습니다. 지방에서 벗어나 서울로 도전했다는 점, 그리고 전국을 대상으로 하는 사업을 꿈꾸는 일은 저를 한층 성장시킨 계기가 되었기 때문입니다.

지옥을 걷고 있다면,
계속해서 걸어가야만 한다

이강삼 대표님께서 저에게 물었습니다.

"사업을 하려면 돈이 있어야 하는데, 얼마나 있는데?"

"없습니다."

"없는데 어떻게 사업을 하지?"

"그러게요… 그런데 하고 싶습니다."

어떻게 보면 어린아이가 떼쓰는 것과 비슷해 보이기도 합니다.

제2차 세계대전 당시 영국의 총리였던 윈스턴 처칠이 이런 이야기를 했다고 합니다.

"지옥을 걷고 있다면, 계속해서 걸어가라."

어쩌면 반기다 실패 이후 저의 상황을, 그리고 저의 의지를 가장 잘 드러내주는 말이라고 생각합니다. 정말이지 당시는 지옥이었다고 해도 결코 과언이 아닙니다. 의욕적으로 투자한 사업에서 매장 보증금까지 모두 까일 정도라면 더 이상 말할 필요가 없을 것입니다. 식비가 아까워

편의점을 들락거린 것도 마찬가지입니다. 하지만 그렇다고 멈출 수는 없었습니다. 그나마 계속해서 걸어가야만 최소한 그 지옥의 끝까지 갈 수 있을 것이며, 그래야 비로소 지옥을 벗어날 수 있기 때문입니다.

하지만 쉬운 일이 아니었습니다. 사실 희망이 가득하면 비록 지옥에서라도 발걸음은 가벼울 것이라고 생각합니다. 그러나 그때는 막연하게 이유식을 해야겠다는 생각만 할 뿐, 그것을 희망이라고 느끼기까지는 힘들었기 때문입니다. 거기다가 출발부터 난관에 부딪혔습니다. 특정 장소에서 식품을 만들어 택배를 보내기 위해서는 식품 제조업 허가가 있어야 하고, 위생법을 지키기 위한 여러 절차를 거쳐야 했습니다. 그런데 문제는 도시에 있는 일반 상가 건물에는 식품 제조업 허가가 나지 않는다는 점입니다. 매장에서 음식을 만들어서 홀에서 파는 것이나, 그것을 택배로 보내는 것이나 별반 차이가 없다고 생각했지만 현실은 완전히 달랐습니다. 도시에서 식품 제조업을 하려면 아파트형 공장과 같은 곳에 입주하면 되지만, 그곳에 진입하기에는 아는 사람도, 아는 것도 너무 없었습니다. 친구들에게 전화해봤지만, 그들 역시 저에게 도움을 주지 못했습니다. 어떻게 해야 하나 고민하고 있을 때 과거의 한 기억이 떠올랐습니다.

과거에 우연한 기회에 알고 지내던 친구 한 명이 있었는데, 그 친구가 하동에서 녹차와 매실 가공 식품회사에 근무한다는 점이었습니다. 저는 결국 그 친구에게 연락해서 식품 제조업에 대해 물었습니다. 그러자 자신이 다니던 회사의 대표님을 만나게 해주겠다고 했습니다. 그 대표님이 제가 훗날 많은 도움을 받았던 이강삼 대표님이었습니다. 직접 현직에 근무하는 대표님을 만나게 해주겠다니, 저는 마치 하늘에서 동아줄이라도 내려오는 듯한 느낌이었습니다. 그렇게 해서 찾아간 곳이 하동에 있는 '슬로푸드'라는 회사였습니다.

이 대표님과의 만남을 통해서 저는 처음으로 귀촌에 대해서 심각하게 생각하기 시작했습니다. 만약 식품 제조업을 해야 한다면 굳이 서울에 있을 필요가 없고, 차라리 시골이 사업을 하기에 훨씬 편할 것이라는 생각도 들었습니다. 농산물을 구하는 일도 그리 어렵지 않고, 인건비도 서울에 비하면 싼 편입니다. 게다가 이유식 사업이라면 차라리 시골의 이미지도 잘 어울린다고 생각했습니다. '시골에서 만드는 건강한 이유식'이라고 하면 도시의 어머니들도 좀 더 신뢰를 가지겠다고 여겼습니다. 그런데 문제는 귀촌을 해서 사업을 하려고 해도 돈이 있어야 한다는 점입니다. 당시 40대 초반, 현재 저보다 조금 젊은 나이셨던 이강삼 대표님께서 저에게 물었습니다.

"사업을 하려면 돈이 있어야 하는데, 얼마나 있는데?"

"없습니다."

"없는데 어떻게 사업을 하지?"

"그러게요…. 그런데 하고 싶습니다."

어떻게 보면 어린아이가 떼쓰는 것과 비슷해 보이기도 합니다. 결국 이강삼 대표님은 귀촌을 해서 이유식 사업을 하기 위해 꼭 필요한 최소한의 금액을 1억 원이라고 말해주었습니다. 그런데 그 1억 원이 투자금이 아니라, 땅을 구입하는 돈이라는 이야기였습니다. 일단 땅을 우선 사야만 정부 지원사업의 요건을 충족할 수 있으며, 이를 기반으로 공장 건립에 필요한 지원을 받을 수 있고, 또 공장 건물과 사업성을 평가받아 투자도 받을 수 있다는 것입니다. 그리고 그 투자금으로 비로소 기계를 설치하든, 냄비를 사든 할 수 있다는 내용이었습니다. 그리고는 저에게는 매우 냉정하게 들리는 결론을 내려주었습니다.

"은우 씨, 여기에서 땅이 없으면 아무것도 시작할 수 없어. 1억 원을 들고 오면 그때 내가 많이 도와줄게."

　제가 할 수 있는 말은 별로 없었습니다. 딱 한마디, "알겠습니다"라고 대답하고 자리를 물러났습니다.

동아줄을 넘어서는 구원의 빛

　새로운 희망을 품고 하동에 갔지만, 결국 얻은 것은 아무것도 없었습니다. 1억 원이 있으면 사업을 시작할 수 있다는 정보는 얻었지만, 모든 것을 다 잃은 당시의 저에게 1억 원은 꿈같은 금액일 수밖에 없었습니다. 하지만 비록 내가 지옥에 있더라도 계속 걸어가야 했듯, 저는 포기할 수는 없었습니다. 그래서 또다시 식품 제조업을 하는 분들을 찾아 나섰고 계속해서 정보를 수집했습니다. 산청에는 그런 분들이 꽤나 있어서 또 여러 분을 만나 대화를 나누어 보았고, 향후 사업을 시작하게 되면 산청이 최적지가 아닌가 하는 생각도 들었습니다. 결국 저는 산청군수님과 하동군수님께 간절한 마음으로 편지를 썼습니다. 내가 누구인지, 무엇을 하고 싶은지, 정말로 최선을 다하겠다는 절절한 내용으로 한 자 한 자 써 내려갔습니다. 하지만 답장도 없고 연락도 없었습니다. 그때 느낀 점은 황량한 벌판에 나 혼자 서 있는 느낌이라고 할까요? 주변에 누군가라도 있어야 하소연도 하고 의지도 할 텐데, 정말 제 곁에는 아무도 없었습니다. 결국 저는 돌고 돌아서 또다시 하동에 있던 이강삼 대표님을 다시 찾아갔습니다.

"그동안 여러 방면으로 알아보기는 했지만, 도와줄 사람도 없고, 1억도 없습니다. 저를 도와줄 사람은 아무도 없는데, 정말로 해보고 싶습니다. 어떻게 하면 좋을까요?"

처음 이강삼 대표님을 만났을 때의 내가 어린아이의 떼쓰기였다면, 두 번째 만났을 때는 하소연이자, 마지막 SOS 신호였다고 볼 수 있습니다. 하지만 아무리 그렇게 말한들 그분이라고 답이 있을 리는 없었습니다. 그런데 이런 생각이 들었습니다. 만약 이 대표님이 나와 같은 상황이라면 어떤 선택을 할까? 저는 정말로 그분의 생각이 궁금했고, 그분이 만약 하나의 방법이라도 제시해주신다면 정말로 죽자 사자 그것을 따라 하고 싶었습니다. 저는 마지막으로 물었습니다.

"대표님, 하나만 여쭤보겠습니다. 만약 대표님께서 저와 같은 처지라면, 어찌하겠습니까?"

그분은 가만히 생각에 잠기시더니 말을 꺼냈습니다.

"그러면, 내가 공장 하나를 빌려줄 테니, 한번 해볼 수 있겠어?"

저는 두 눈이 번쩍 뜨였습니다. 공장을 빌려준다? 알고 보았더니 이강삼 대표님의 부모님께서는 대봉감을 재배하고 있었다고 했습니다. 그래서 그것을 이용해 감식초를 만들려는 새로운 사업을 구상하고, 마침 공장을 짓고 있었던 때였습니다. 게다가 부모님 이전 세대부터 하동에 정착하고 계셨던 분이니 땅이 있었던 모양입니다. 결국 감식초 공장에서 일단 임시로나마 사업을 시작해보라며 그 공장을 내어 주셨습니다. 다만 아직 공장이 완전히 지어지지는 않은 상태였기에 일정한 시간적 공백이 있었습니다. 하지만 젊은 나이에 잠시의 공백기면 어떻습니까. 공장만 완성되면 사업을 시작할 수 있다는 것 자체가 저에게는 큰 힘이었습니다.

두드려라, 열릴 것이다

사실 이강삼 대표님의 그러한 대단한 결단이 없었다면, 오늘의 저는 있을 수 없다고 생각합니다. 공장을 빌려주셨기에 제가 귀촌을 할 수 있었기 때문입니다. 무엇보다 아무것도 없는 사람에게 그런 도움을 주시는 것 자체가 사실은 일반 사람이라면 도저히 하기 힘든, 불가능한 일이라고 보기 때문입니다. 제가 이강삼 대표님의 입장이라도 그렇게 하기에는 엄청나게 망설이거나, 혹은 '내가 굳이 그렇게까지 해야 하나?'라는 생각이 들 것이기 때문입니다. 왜냐하면 자신이 해야 하는 사업 공간을 포기하고 남에게 내어 주었기 때문입니다. 덕분에 이후 저 역시도 앞으로 누군가에게 반드시 이런 도움을 주겠다고 다짐했고, 실제 제가 사용하던 옛 공장을 한 푼도 받지 않고 귀촌 창업을 한 젊은 친구에게 내어주고 있습니다. 생각지도 못한 누군가의 도움이 한 사람이 살아갈 인생의 길을 열어준다면, 나 역시 반드시 누군가에게는 이를 베풀어야 한다고 생각했기 때문입니다.

저는 이 경험을 통해서 '두드려라, 그러면 열릴 것이다'라는 사실을 다시 한번 절실하게 느꼈습니다. 한국 속담에는 '지성이면 감천이다'라는 말도 있지 않습니까? 간절한 마음과 반드시 해내겠다는 의지가 얼마나 큰 힘을 가지고 있는지를 그때 알게 됐습니다. 그리고 당시의 그러한 경험은 이후의 사업 전개에서도 내내 저의 가슴에 담겨 있는 절실한 교훈이자 지침이 되어주었습니다.

그뿐만 아니라, 우리의 인생은 누구를 만나느냐에 따라 크게 달라지는 것 같습니다. 1970년대는 한국인들의 미국 이민이 본격적으로 늘어나던 시기였다고 합니다. 가난과 불안, 더 나은 미래에 대한 희망을 품고 많은 사람들이 낯선 나라로 향했었습니다. 비행기에서 내려 공항에서는 순간, 그들에게 미국은 거대한 가능성의 땅이면서 동시에 아무것도 정해져 있지 않은 미지의 세계였을 것입니다.

이민자들을 대상으로 목회를 하던 한 목사님은 이런 말씀을 하셨다고 합니다.

"이민자는 공항에서 누구를 만나느냐에 따라 인생이 달라집니다."

공항에 마중 나온 사람이 운전 일을 하는 사람이면 자연스럽게 운전 일을 배우게 되고, 세탁소를 하는 사람이 나오면 세탁소 일을 시작하게 된다는 것입니다. 낯선 땅에서 의지할 사람은 오직 먼저 와 있던 한 사람뿐이었고, 그 사람이 보여주는 삶의 방식이 곧 새로운 이민자의 길이 된다는 이야기입니다. 그래서 1970년대의 많은 한국인들은 그렇게 서로를 통해 삶을 배워 갔습니다. 공항에 만난 한 사람이 단순한 마중객이 아니라, 새로운 인생의 방향을 보여주는 첫 스승이었던 셈입니다.

인생도 이민과 비슷한 것 같습니다. 최초에 길을 탐색할 때 누구를 만나느냐에 따라 생각이 바뀌고, 방향이 바뀌고, 결국 삶의 모양이 달라집니다. 저는 낯선 하동으로 와서 이강삼 대표님을 만났고, 그분의 길을 따라 걸어왔습니다.

여러분들은 지금 누구를 만나고 있습니까? 그리고 누구를 닮고 싶습니까?

　어쩌면 우리의 미래는 이러한 질문에 대한 답변 속에서 이미 조용히 만들어지고 있는지도 모릅니다.

다시 혼자, 다시 빈손,
다시 새로운 여정

제가 갑자기 그만두는 일은 후배를 곧장 벼랑 끝에
세우는 일과 크게 다르지 않았습니다. 그래서 저는 당장 결정을 실행에
옮기지 못했습니다. 후배에게는 아무 말도 하지 않은 채,
겉으로는 이전과 다름없이 일을 이어갔습니다.

이강삼 대표님의 도움으로 저는 서울에서 반기다를 함께했던 후배와 또다시 온라인 이유식 사업에 뛰어들었고, 이를 계기로 하동으로 귀촌하게 됐습니다. 무엇보다 그 후배와 또다시 동업을 하게 된 이유는 책임감 때문이었습니다. 저와 함께 1년간 고생을 했던 그가 어떻게 해서든 성공의 반열에 들어설 수 있도록 해주어야 한다는 생각이 강했습니다. 그리고 그렇게 막 새로운 사업을 시작할 즈음, 서울에 내놓았던 반기다의 매장이 나갔다는 소식이 들려왔고 권리금 겨우 1천만 원을 받을 수 있었습니다. 사업 자금으로 보자면 턱도 없는 금액이었지만, 그나마 뭐라도 시작해볼 수 있는 최소한의 종잣돈이었습니다. 저나 후배나 식

품 제조업은 처음이기 때문에 마치 초등학생이 공부하듯 처음부터 하나씩 배우기 시작했습니다. 수많은 책을 읽으면서 이유식을 공부하고, 이유식 시장을 탐구하면서 나름의 사업 기획을 만들어 나갔습니다. 그렇게 해서 '제철 식재료로 만든 이유식'이라는 콘셉트를 잡았습니다. 시골에서 길러지는 영양가 풍부한 제철 음식으로 아기의 건강을 챙기겠다는 의지의 표현이기도 했습니다. 이때가 바로 2012년경이었습니다. 이렇게 신규 사업 아이템이 확정되자 저 역시 무척 뿌듯했고, 이번만큼은 반드시 성공시켜야 하겠다는 의지도 더 강해졌습니다.

단점도 뚜렷했던 제철 식재료

온라인 사업의 진행에서 가장 중요한 것은 바로 홈페이지였습니다. 그런데 이게 보통 어려운 일이 아니었습니다. 이게 그냥 일반적인 홈페이지와는 완전히 다른 구성입니다. 일반적인 홈페이지는 정보를 주로 전달하기 때문에 그다지 어렵지 않습니다. 하지만 이유식 홈페이지는 이유식을 먹을 아이의 개월 수, 먹이고 싶은 재료, 죽의 양, 죽의 갈기 정도, 소금 간의 여부 등 너무도 많은 요소들이 고려되어야 했기 때문에 당시 시중에 있던 일반적인 홈페이지 제작 툴로는 감당하는 것이 불가능했습니다. 결국 별도의 외주 제작사에 맡겨야 하는데, 그렇게 되면 돈이 많이 들어간다는 점이 문제였습니다. 결국 제가 공부를 해서 해결할 수 있는 부분은 해결했고, 또한 제가 그간 쌓아온 디자인 실력으로 최대한 디자인을 했습니다. 한마디로 그때까지 제가 쌓아왔던 모든 능력을 다 쏟아부어 홈페이지를 차근차근 완성시켜나갔습니다.

과거의 경험과 실력이 도움이 되기에는 주방 시설도 마찬가지였습니다. 공장 건설이 완성되면서 이제 죽을 만들 수 있는 공간이 드디어 생겼습니다. 가장 먼저 했던 것이 바로 주방 시설이었습니다. 과거에 이미 두 번이나 외식업을 해봤기 때문에 동선을 감안한 주방의 구성과 각종 집기의 배치 등도 매우 효율적으로 만들어낼 수 있었습니다. 그러다 보니 이런 생각이 들었습니다.

'그래도 예전에 했던 여러 가지 일들이 쓸모없는 건 하나도 없구나!'

그렇게 하나씩 준비하면서 점차 완성도를 높여가고 있었는데, 한 가지 꽤나 심각한 문제가 발생했습니다. 바로 '제철 식재료'였습니다. 저희 이유식 사업의 가장 큰 차별화인 이 제철 식재료는 매우 건강한 이유식을 만들 수 있기 때문에 아기들에게 도움이 될 것 같지만, 또 한편으로 보자면 이유식 식재료가 제철에만 머문다는 단점이 있습니다. 아기 때라면 그 어떤 시기보다 다양한 식재료로 만든 이유식을 먹으면서 영양

소를 고루 섭취해야 하는 건 너무도 당연한 일 아니겠습니까? 하지만 제철 식재료라면 그 부분에 한계가 있을 수밖에 없습니다. 특히 다른 경쟁업체들은 무려 100가지가 넘는 레시피를 마련해 놓고 있었던 반면 제철로 할 수 있는 레시피는 그에 비하면 현저하게 적은 레시피밖에 만들 수가 없었습니다. 결국 소비자의 선택권이 제한되는 일이 발생했고, 이는 우리 사업의 결정적인 단점이 되기도 했습니다.

저희도 100여 가지의 레시피를 만들려고 했지만 이 역시 큰 난관이 있었습니다. 여기에 들어가는 재료의 종류가 다양해지는 것은 물론이고 그 양도 많아야 한다는 이야기입니다. 결국 문제는 다시 돈으로 돌아올 수밖에 없었습니다. 사실 그때 제철 식재료를 구입하는 것도 거의 대부분 외상이 많은 상태에서 100가지 레시피에 들어가는 식재료를 또다시 외상으로 구입하는 일은 정말로 힘든 일이었습니다. 하지만 다른 방법은 없었습니다. 결국 "팔리면 대금을 지급할게요"라며 거의 반 사기꾼이 되면서까지 전부 외상으로 대량의 식재료, 아이스박스와 아이스팩과 같은 부자재를 구매할 수밖에 없었습니다.

　이 일을 하면서 또한 가장 힘들었던 점은 죽과 재료의 사진을 찍고, 홈페이지에 올리고, 디자인을 하는 일이 오롯이 제 몫이었다는 점입니다. 함께 동업했던 후배는 그런 일을 할 능력이 없었으며 제가 감당할 수밖에 없었습니다. 문제는 여기에 시간이 너무 많이 걸린다는 점입니다. 이런 점에서 저는 당시까지만 해도 기업가가 아닌 장사꾼의 마인드를 버리지도 못했고, 그것을 해내기 위한 전략도 없었습니다. 식당을 오픈하면 그날부터 손님이 찾아오고 하루하루 적으나 많으나 돈이 벌리기 시작합니다. 하지만 사업은 완전히 다른 문제였습니다. 100가지의 레시피를 만들고 홈페이지를 채우는 일이 한두 달 만에 될 리는 없습니다.

　그런데 그때부터 문제가 생기기 시작했습니다. 이렇게 일을 해야 하지만 돈을 벌지 않는 지루하고 힘든 나날이 오래되면서 동업자였던 후배와 사소한 갈등이 조금씩 누적되기 시작했습니다. 부부 간에도 그렇지 않습니까? 경제적으로 궁핍한 가정에서는 사소한 것으로도 감정이 날카롭게 변해 다투게 되고, 경제적으로 풍요로운 가정은 좀 더 너그럽고 싸움도 별로 하지 않는 것과 마찬가지입니다. 저희도 마찬가지였습니다. 열악하고 궁핍한 상황에서 서로의 말을 있는 그대로 받아들이지 못하고 싸우게 되는 경우가 많았습니다.

가장 대표적인 것이 바로 사회적 기업을 하자는 후배의 제안이었습니다. 사회적 기업을 하게 되면 정부로부터 인건비를 지원받을 수 있고, 농산물도 더 저렴하게 살 수 있다고 했습니다. 하지만 문제는 수익의 70%를 사회에 환원해야 한다는 점입니다. 물론 지금의 복만사도 사회적 기업이기는 하지만, 당시 처음 그 이야기를 들었을 때에는 도저히 이해가 되지 않았습니다. 장사꾼 마인드로 생각했던 저는 과거에 제가 했던 식당에 대입해봤습니다. 비록 인건비가 지원된다고 하더라도 1,000만 원의 순수익을 거두면 그중에서 700만 원을 사회에 투자한다? 저로서는 도저히 받아들이기 힘든 조건이었습니다. 이런 생각의 차이가 갈등을 더욱 깊게 만들었습니다.

결국, 다시 홀로서기

계속 쌓여가는 갈등을 방치하면서 사업을 하기는 힘들었습니다. 결국 저는 제가 그만두기로 결심했습니다. 하지만 그렇다고 예전에 부동산 중개를 함께했던 친구에게 했던 것처럼 "그럼 내일부터 안 나올 테니, 네가 알아서 해"라고 말할 수는 없었습니다. 원룸 중개는 일이 어느 정도 궤도에 올랐고 돈도 잘 벌리는 상태였습니다. 하지만 이번에는 상황이 달랐습니다. 아직 사업이 제대로 굴러가는 단계도 아니었고, 무엇보다도 함께 서로를 믿고 의지했던 후배였습니다. 그 신뢰와 책임감을 하루아침에 끊어버리는 방식은 제 스스로도 받아들이기 어려웠습니다. 게다가 제가 당장 손을 떼면 100개의 레시피를 완성하는 일과 홈페이지 자체가 멈춰버립니다. 제가 갑자기 그만두는 일은 후배를 곧장 벼랑 끝에 세우는 일과 크게 다르지 않았습니다. 그래서 저는 당장 결정을 실행에 옮기지 못했습니다. 후배에게는 아무 말도 하지 않은 채, 겉으로는 이전과 다름없이 일을 이어갔습니다. 적어도 사업이 최소한의 구조를 갖추고, 후배가 혼자서 하더라도 어느 정도 굴러갈 수 있는 틀이 만들어질 때까지는 책임을 다하자는 생각이었습니다. 그렇게 해두면 나중에 제가 빠지더라도 후배가 받게 될 충격이 조금은 덜하지 않을까 여겼습니다.

그 무렵 제 안에는 묘한 자신감도 있었습니다. '내가 앞으로 무엇을 하든 결국은 다시 일어설 수 있다'는 막연한 믿음이었습니다. 어쩌면 근거 없는 오만일 수도 있었겠지만, 그동안 겪어온 수많은 실패가 오히려 제게는 든든한 자산처럼 느껴졌습니다. 실패를 겪어봤기 때문에 다시 시작하는 법도 안다고 생각했습니다. 그리고 적당한 시기가 되었다는 생각에 어느 날 차분하게 후배와 마주했습니다.

"내가 이제 이 사업에서 손을 떼야 하겠다. 왜냐하면 맨날 너랑 나랑 이렇게 부딪히기만 해서는 될 일도 안 되지 않겠냐? 물론 내가 나가게 되면 네가 혼자라는 생각에 두렵기도 하겠지만, 그래도 네가 혼자 할 수 있도록 내가 최선을 다해 만들어 놓았다. 거기다가 그간에 내가 외식업을 하면서 얻었던 모든 노하우를 다 쏟아부어 놓았다. 대량의 주문이 오더라도 네가 무리 없이 만들 수 있을 거다.”

후배는 무척 서운해했습니다. 어쩌면 서운하기보다 두려웠을 수도 있을 것 같습니다. 하지만 감정 때문에 사업을 계속 해나가기는 힘들었습니다. 때로는 두렵고 아프더라도 해야 할 일은 해야 한다는 생각이었습니다. 그렇게 해서 저는 저의 모든 것을 바쳐 일구었던 이유식 사업을 후배에게 넘겨주었습니다. 그때가 2013년, 저는 또다시 혼자가 되었고, 다시 빈손이 되었습니다.

PART
3

폭풍우가 지나야
비로소 무지개를 볼 수 있다

모든 것을 잃은 뒤에 한 하동으로의 귀촌,
그리고 '복만사'의 설립

어떻게 보면 사람은 참 단순한 것 같기도 합니다. 지금 당장 겪고 있는 일, 지금 당장 눈에 보이는 것이 전부라고 생각하기 때문입니다. 그래서 폭풍우 한가운데 있을 때는 모든 것이 힘들고 괴롭게 느껴지고, 잠시 후에 떠오를 아름다운 무지개를 생각하기가 쉽지가 않습니다.

저 역시 서울 압구정동에서의 죽집 창업에 실패한 뒤 모든 것을 잃었다고 생각하고 좌절했습니다. 다시 지방으로 내려올 때는 거의 빈털터리나 마찬가지였습니다. 아침에 일어나서는 숨을 쉬지 못할 정도의 공황장애 증상을 겪은 것도 바로 그때였습니다.

하지만 세상은 하나의 문이 닫히면 또 다른 문을 열어주는 것 같습니다. 서울에서의 실패는 하동으로의 귀촌이라는 또 다른 기회를 주었고, 그곳에서 저는 농촌이 가지는 의미와 가치를 받아들여 다시 사업의 여정에 나설 수 있었기 때문입니다. 물론 다시 고된 시간을 보내야 했지만, 그것은 결국 무지개를 보기 위한 작은 수고로움에 불과했습니다. 눈에 보이는 것들을 외면할 수는 없지만, 늘 무지개를 꿈꿀 수 있을 때 우리는 더 힘차게 전진할 수 있다고 믿습니다.

타인과의 비교는
비참해지거나 교만해질 뿐

타인과 비교를 했을 때의 결과는 비(비참해지거나),

교(교만해지는)일 뿐이라는 말이 있습니다.

남보다 내가 못났다고 생각하면 비참해질 뿐이고,

내가 남보다 낫다고 생각하면 교만해지게 됩니다.

하지만 그 어떤 경우든 나에게 좋은 일이 아닙니다.

비참해지는 것도 좋지 않지만, 교만해지는 것은 더욱 그렇습니다.

겉으로만 보자면 제가 후배에게 이유식 사업을 넘기고 떠난 일은 매우 쿨해 보일 수도 있습니다. 상대방에게 나가라고 윽박지르지도 않았고, 혹은 끝까지 싸우면서 악착을 부리지도 않았기 때문입니다. 하지만 제 속이 괜찮을 리는 없었습니다. 이강삼 대표님의 엄청난 호의 속에서 겨우겨우 잡은 기회였던 것은 물론이고, 가진 돈이라고는 딱 1천만 원에 불과했습니다. 온몸의 진을 뽑는 듯한 간절함으로 임했고, 정말이지 꼭 성공하고 싶었습니다. 그리고 그렇게 1년의 시간 동안 사업을 진행하면서 겨우 조금의 궤도에 올려놓았습니다. 그런데 그런 상태에서 홀가분한 마음으로 떠나는 것은 결코 쉽지 않았습니다. 마지막으로 출근을 하던 날, 후배에게 잘 있으라고 하며 뒤돌아서는 저의 마음은 쓰리고 아팠습니다.

오랜만에 어머니 집으로 돌아온 저에게는 다음 날 아침부터 특이한 증상이 생겼습니다. 잠자리에서 눈을 뜨면 숨이 제대로 쉬어지지 않는 것이었습니다. 다행히 오후가 되면 그런 증상은 사라졌지만, 한동안 숨 막히는 아침을 맞이해야만 했습니다. 병원에서 진단을 받아보니 공황장애였습니다. 이유를 곰곰이 살펴보니 아침에 일어나 제가 아무것도 할 일이 없었다는 것 자체가 스트레스가 아니었나 하는 생각이 들었습니다. 늘 아침이면 일어나자마자 정신없이 일을 했던 저에게 아무 할 일도 없는 아침 그 자체가 공황을 불러올 정도로 큰 공포감이었나 봅니다.

비참해지거나 교만해지거나

그렇게 시간이 흐르고 있었는데, 어느 날 후배와 함께했던 이유식 사업장이 〈VJ 특공대〉에 나오는 것 아닙니까? 사실 당시 많은 자영업자나 회사 사장님들에게 그 프로그램은 선망의 대상이었습니다. 프로그램이 워낙 재미있고 흥미진진하게 구성되다 보니 그곳에 한 번 출연하게 되면 전국적인 인지도를 얻게 됩니다. 거기다가 매출도 수백 퍼센트씩 뛰기 때문에 경영에도 상당한 도움이 됩니다. 그때 저는 '사람 마음은 참으로 간사하다'는 것을 다시 한번 느꼈습니다. 제 마음속에서 질투심이 불같이 일어났기 때문입니다. 요즘 말로 거의 '멘붕'의 상태에서 한동안 멍하니 서 있을 정도로 충격이 컸습니다.

물론 저는 그 친구의 실력을 잘 알고 있습니다. 추진력도 상당하고 영업력도 대단합니다. 거기다가 입담이 좋기 때문에 방송에서도 말을 무척 잘했습니다. 물론 지금도 그 사업이 잘되어 가고 있으며 연 매출 200억 원대로 업계에서 탑 3 안에 들고 있습니다. 하지만 그 친구의 능력을 감안한다고 하더라도, 큰 질투심과 충격에 빠진 것은 어쩔 수 없었습니다. 비슷한 환경에 있던 사람이 갑자기 저 멀리 가버렸다는 거리감과 동시에, 저만 제자리에 남아 너무 뒤처진 것은 아닌가 하는 실망감이기도 했습니다.

하지만 그때의 그 질투심으로 인해서 저는 깨달은 점이 하나 있습니다. 바로 성공한 삶을 위해 가져야 할 태도가 '남과 비교하지 않는 것'이라는 사실을 알게 됐기 때문입니다. 자신을 남과 비교하는 이유는 간단합니다. 다른 사람보다 잘나 보이고 싶다는 욕망, 혹은 내가 남들에게 좋은 기회를 빼앗기지는 않을까 하는 두려움 때문입니다. 하지만 남과 비교했을 경우에는 훨씬 부정적인 결과를 가져옵니다. 타인과 비교를 했을 때의 결과는 그대로 비(비참해지거나), 교(교만해지는)일 뿐이라는 말이 있습니다. 남보다 내가 못났다고 생각하면 비참해질 뿐이고, 내가 남보다 낫다고 생각하면 교만해지게 됩니다. 하지만 그 어떤 경우든 나에게 좋은 일이 아닙니다. 비참해지는 것도 좋지 않지만, 교만해지는 것은 더욱 그렇습니다.

제가 화씨화로의 성공 이후에 반기다에서 무참하게 무너진 것 자체가 바로 교만함, 자만심 때문이었습니다. 당시 저는 제 또래나 혹은 저의 선배들과 비교해도 상당한 수익을 얻었습니다. 그러면서 저도 모르게 교만해졌고, 이미 고깃집으로 실패를 경험했음에도 불구하고, 또다시 교만으로 인해 반기다에서 실패했습니다. 결국 우리가 늘 해야 하는 비교의 대상은 언제나 '어제의 나 자신'이라는 사실이 매우 중요합니다.

의도치 않은 귀촌, 하지만 새로운 기회

이유식 사업에서 벌어진 일련의 일들로 인해 저는 공황장애를 겪을 만큼 커다란 좌절을 느꼈지만, 돌이켜보면 완전히 새로운 출발이 가능한 계기가 됐습니다. 자의건 타의건 제가 '귀촌'이라는 것을 하게 됐고, 그 이후로도 하동을 근거로 새로운 사업을 도모했기 때문입니다. 그전까지만 해도 저는 늘 지방에서만 살았던 탓인지 서울을 동경했고, 그곳에서 사업을 하고 싶었습니다. 프랜차이즈에 대한 꿈도 결국에는 한정적인 지방을 벗어나 전국으로 제 사업을 펼치고 싶은 마음이 있었기 때문입니다. 하지만 하동에서 이강삼 대표님을 만나고, 그나마 1년 정도는 머무르며 이유식 사업을 했기 때문에 저는 그 이후로도 하동을 근거지로 삼았습니다. 그렇다고 해서 '이제 갈 곳도 없으니 그냥 하동에 있자'는 마음은 아니었습니다. 오히려 하동에서 만난 청년들의 새로운 사고방식에서 느끼고 깨달은 부분이 많았기 때문입니다.

저는 처음 하동으로 내려온 후 시골 청년들을 은근히 무시하는 마음이 있었습니다. 그들을 보는 과거의 저의 시선은 '촌놈들'이었고, 농촌이란 언제나 땡볕 아래에서 힘들게 일하는 고된 생활 공간이라고 여겼습니다. 물론 저 역시 서울에서 태어난 것은 아니지만, 일단 서울 압구정동에서 사업을 해봤기 때문에 제 마음만큼은 이미 '서울 사람'이었습니다. 지방 촌놈들과는 다르게 레벨업이 되었다는 느낌이랄까요? 또래를 만나 대화할 때에도 그들을 무시하는 속마음은 마찬가지였습니다. '너희들은 뭐 해서 먹고 사니?' 정도의 태도를 가지고 있었던 것 같습니다. 그런데 실제 그들과 깊은 대화를 하다 보니 오히려 제가 어리석었다는 생각이 들었습니다.

청년들은 아버지와 가족으로 농업을 하는 것은 물론이고, 그 부산물을 2차 가공해서 서울의 대기업에 납품하고 있었고 또 어떻게 하면 수출을 할까를 고민하고 있었습니다. 자신의 농업과 관련된 글로벌 트렌드도 줄줄 꿰고 있었습니다. 어떤 친구는 GS에 납품을 하고 있었고 또 어떤 친구는 "오늘 납품 건으로 서울 신라호텔 담당자를 만났다"라는 말도 자랑스럽게 했습니다.

정작 나야말로 우물 안의 개구리

저는 그들의 그러한 모습에 깜짝 놀랐습니다. 이제까지의 저는 가만히 앉아서 찾아오는 손님만 맞이하는 돈벌이를 해왔습니다. 지방에서도 그렇고 서울에서도 그렇고 음식점을 차려 놓고 있으면 모두 손님들이 알아서 찾아오지 않습니까? 그런데 이곳 청년들은 자신들이 경쟁력 있는 제품을 만들어 서울은 물론이고 전 세계로 내보낼 생각을 하고 있었던 것입니다. 그들에게 농촌은 땡볕 아래에서 고생해서 일하는 곳이 아니고, 제대로 된 제품을 만들어 세상에 내보내는 베이스캠프와 같은 곳이었습니다. 그때 저는 상당한 충격을 느꼈습니다.

'아… 이제까지 나야말로 우물 안의 개구리로 살았구나. 어쩌면 서울

사람들보다 이 지방에 사는 청년들이 오히려 더 도전적이고, 글로벌한 관점을 갖추었구나.'

외식업을 할 때는 '어떻게 하면 손님을 내 매장으로 더 많이 오게 할 수 있을까'를 끊임없이 고민하게 됩니다. 반면 지방에서 제조업을 하게 되면, 생각의 방향이 완전히 달라집니다. '어떻게 하면 내가 만든 상품을 더 넓은 곳으로 내보낼 수 있을까'를 수없이 고민하게 됩니다. 이 과정에서 자연스럽게 사고의 방식도 바뀌게 됩니다. 머릿속은 사람을 끌어들이는 방법에서 벗어나 상품을 더 멀리 보내기 위한 전략과 방법을 찾는 방향으로 훈련되기 시작합니다.

물론 큰 꿈을 품고 서울에 진출하는 일 자체가 문제는 아닙니다. 하지만 준비도 제대로 하지 않고 실력도 없는 상태에서 무작정 시도하는 것은 분명 무리한 일이었습니다. 하동으로의 귀촌은 어쩔 수 없는 선택이기는 했지만, 제 인생에 있어서는 운명이었는지도 모릅니다. 저보다 훨씬 더 크게 생각하고 도전하는 청년들의 모습에서 저는 크게 각성했고, 지방의 새로운 가치를 깨달았기 때문입니다. 그리고 그 일을 통해 결국에는 지금의 냉동 김밥까지 오게 되었으니, 참으로 '행운 가득한 운명'이라고 할까요?

잘못이 있다면 반성해야 하지만,
때론 위로도 필요하다

저는 늘 계획을 세우고 최선을 다해왔지만,
그 계획이 어긋나는 경우가 많았습니다.
그럴 때 자신을 탓하면 상황은 더욱 악화된다고 느꼈고,
그때부터 자신을 위로해주기로 마음먹었습니다.
고난과 힘든 과정 자체가 본래의 계획일지도 모른다고 말입니다.

미국의 대통령이었던 에이브러햄 링컨은 대통령 재임 시절에 한 인사를 추천받았다고 합니다. 그런데 그는 '인상이 좋지 않다'는 이유로 거절했습니다. 그러자 추천을 했던 사람이 '외모는 타고난 것인데, 그것만으로 능력을 쓰지 않는다면 너무 가혹한 것이 아니냐'고 항변했습니다. 그 말에 링컨 대통령은 이렇게 말했다고 합니다.

"사람은 나이 마흔이 넘으면 자신의 얼굴에 책임을 져야 하네."

이 이야기는 정말로 맞다고 느끼곤 합니다. 거울에 비친 자신의 얼굴

에는 내면이 표현되어 있다고 믿기에, 지금도 저는 아침이면 저의 얼굴을 거울에 유심히 비춰 보곤 합니다.

이유식 사업에서 손을 떼고 원치 않았지만 초기에 하동에 정착했을 때 저의 얼굴은 정말이지 최악이었습니다. 한마디로 꼴도 보기 싫을 정도로 엉망이었습니다. 좌절감과 우울감에 매일 술을 마시다 보니 얼굴은 시커멓게 변했고, 살은 점점 찌고 있었습니다. 뭔가 변하지 않으면 안 된다는 두려움이 들었습니다. 이 상태로 계속된다면 정말이지 제대로 된 인생을 산다고 말할 수조차 없다고 느꼈기 때문입니다. 저는 바로 그날 돈을 박박 긁어모아 시내로 나가서 옷과 신발을 샀습니다. 그리고 예전에 입고 신던 것들은 모조리 버렸습니다. 그리고 짐^{Gym} 개인 PT도 예약하고 운동을 시작했습니다. 그렇게 하루하루 지나면서부터 다시 예전의 제 얼굴로 돌아갔고, 의욕 넘치게 일을 하던 그때의 제 모습을 조금씩 찾아갔습니다. 거기다가 이제 하동에서의 새로운 출발에 대한 열정까지도 생기면서 다음에 해야 할 일에 대해서 보다 구체적으로 생각하기 시작했습니다.

저에게는 두 가지 선택지가 있었습니다. 아직 30대 초반이었기 때문에 취업도 가능했고, 또한 해오던 대로 사업을 할 수도 있었습니다. 취업을 생각했던 이유는 창업 자금 때문이었습니다. 하지만 직장인으로 한 푼 두 푼 모아 사업 자금을 마련하는 것도 시간이 너무 많이 든다는 생각이 들었고, 그렇다고 특별한 기술이나 실력이 있어서 원하는 회사에 입사하는 것도 힘들었습니다. 결국 계속해서 식품 제조업 쪽으로 아이템을 찾아보기 시작했습니다.

기왕 하동에 정착하기로 마음먹은 이상, 지방과 농촌을 앞세우는 사업을 하고 싶었습니다. 그러던 중에 떠오른 아이디어가 바로 '지역 특색 빵'이었습니다. 경주에는 경주빵이 있고, 통영에는 통영꿀빵이 있었습니다. 모두 저마다의 인지도가 있어서 관광객들이 꾸준하게 소비를 했습니다. 거기다가 하동은 벚꽃이 만개하는 봄이 되면 관광객들이 엄청나게 몰리는 지역입니다. 만약 관광객들을 대상으로 하동만의 빵을 판매하게 되면 꽤나 기회가 있을 것으로 여겼습니다. 그래서 만든 이름이 '하동 찰빵'이었습니다. 좀 쫄깃한 맛을 지닌 빵이면 좋겠다는 생각에 '찰'자를 붙이면서 차별화를 꾀했습니다. 대체로 지역 특색 빵의 경우 속재료는 만주를 기본으로 합니다. 다만 경주빵은 밀가루 피가 매우 얇고 부드럽다는 특징이 있고, 통영 꿀빵은 말 그대로 꿀로 차별화를 했습니다. 하동 찰빵도 뭔가 차별화 요소가 있어야 한다는 생각에 그걸 찰진 빵맛으로 정했던 것입니다.

빵 자체를 만드는 일은 그리 어렵지 않았습니다. 문제는 홍보와 마케팅 방법이었습니다. 설사 그럴듯한 지역 특색 빵을 만든다고 하더라도 이게 저절로 팔릴 일은 없기 때문입니다. 관광객들이 한 해, 두 해 와서 사 먹어 보고 입소문을 타기 위해서는 시간이 필요합니다. 물론 이 시간을 앞당기기 위해서는 TV 출연이 최고의 방법이기는 하지만, 그렇다고 내가 원한다고 TV에 마음대로 출연할 수 있는 일도 아닙니다. 결국 뭔가 빵을 알릴 수 있는 스토리텔링이 필요하다는 생각이 들었고, 이를 통해 TV에 출연하게 되면 단숨에 '하동 찰빵은 하동 지역의 명물 빵이다'라는 인지도를 구축할 수 있다고 여겼습니다. 하지만 막상 시도해보니 뭔가 일이 제대로 잘 풀리지는 않는 답답한 상황이었습니다.

두리번거리며 새로운 길 찾기

이러한 고민을 하던 차에 어느 날 배가 고파서 프라이팬에 기름을 두른 후 하동 찰빵을 만드는 냉동 반죽 상태인 냉동 생지(生地)를 꾹꾹 눌

러서 익히자 호떡 모양이 됐습니다. 그렇게 먹어보자 생각보다 훨씬 맛있는 것이 아닙니까? 그때 또 순간적인 아이디어가 떠올랐습니다. 부산에 있는 씨앗호떡이었습니다. 겉으로는 평범한 호떡에 불과하지만, 씨앗을 넣었다는 이유만으로 관광객들에게 인기가 있었습니다. 그러면 하동 지역에 있는 쌀이나 녹차 가루, 단호박 가루를 넣으면 색깔도 좋고, 건강한 씨앗 호떡류의 제품이 될 수 있겠다는 생각이 들었습니다.

하지만 문제는 제가 이걸 직접 팔겠다고 가게를 차릴 수도 없는 노릇이고, 입소문을 타기도 힘들 것 같았습니다. 가장 좋은 방법은 하동은 물론이고 전국적으로 유명한 화개장터로의 진출입니다. 이곳은 한 해 관광객만 100만 명이 넘습니다. 거기다가 경상남도 주요 관광지 중에는 방문객 수 1위로 손꼽힙니다. 만약 그곳에서 새로운 사업을 펼칠 수 있다면, 저에게는 더할 수 없이 좋은 기회가 아닐 수 없었습니다. 하지만 그것도 만만치 않은 일입니다. 대부분의 상인들은 수십 년간 그곳에서 장사를 해온 분들이라 저 같은 사람이 뜬금없이 그곳에 입점하기는 힘들기 때문입니다. 하지만 그럼에도 그곳에서 뭔가 방법을 찾을 수 있지 않을까 하는 막연한 기대를 하고 화개장터로 발길을 향했습니다.

그때가 아마도 연초로 기억이 됩니다. 옷깃을 여미는 쌀쌀했던 날씨에 제 마음도 쌀쌀했습니다. 하지만 여러 실패 속에서도 저는 저를 위로하는 방법을 알기 시작했습니다. 저는 늘 계획을 세우고 최선을 다해 왔지만, 그 계획이 어긋나는 경우가 많았습니다. 그럴 때 자신을 탓하면 상황은 더욱 악화된다고 느꼈고, 그때부터 자신을 위로해주기로 마음먹었습니다. 잘못이 있다면 반성을 해야 하지만, 위로도 함께 해야 자신을 지킬 수 있다는 생각 때문입니다. 그리고 실제로 모든 계획이 술술 풀려나가는 경우는 별로 없지 않습니까? 그러니 고난을 겸허하게 받아들이고 차라리 다음 계획을 더 빨리 준비하는 것이 현명한 방법이라고 봅니다. 산 정상을 향해 올라가다가 길이 막혔다고 다시 내려갈 수는 없습니다. 조금 헤매더라도 다른 길을 찾는 것이 늦더라도 목표에 도달하는 방법입니다.

추운 겨울날, 그렇게 저는 저를 위로하면서 다시 한번 새출발을 하기 시작했습니다. 그렇게 저를 보듬고 위로하는 일을 자주 하다 보니, 어느 순간 공황장애 증상도 언제 그랬냐는 듯 사라졌습니다.

연습과 경험이 쌓여야
자신감과 가능성을 발견할 수 있다

과거의 여러 번의 실패는 그저 실패의 양이 쌓였을 뿐입니다.
그런데 실패도 자주 하다 보니 이번 하동 찰호떡처럼
어떤 성과를 남기는 '질적으로 다른 실패'에 다다른 것입니다.
거기다가 이제까지는 단순한 연습과 경험에 불과했다면,
이때부터는 새로운 자신감을 느끼게 되고
앞으로의 가능성마저 발견하는 기회가 되었습니다.

화개장터를 한 번 빙 둘러보려면 30분 정도면 됩니다. 그리 오랜 시간은 아니지만, 그렇다고 짧게 휙 돌아볼 수 있는 거리도 아닙니다. 저는 그곳을 두 번, 세 번 둘러보았습니다. 그리고 한 군데의 노점상이 눈에 들어왔습니다. '추억의 옛날 과자'를 파는 곳이었습니다. 손님들은 옛 생각이 났는지 종종 그곳에 들러 과자를 사기는 했지만, 사람들이 줄을 설 정도로 장사가 썩 잘되는 편은 아니었습니다. 곧장 사장님을 찾아 제가 만든 호떡을 건네며 물었습니다.

"사장님, 이 호떡 한번 드셔보세요. 맛있으면 추억의 과자 말고 이 호떡을 팔아보시는 건 어떻겠습니까?"

　호떡을 잡숴 보신 사장님은 꽤 긍정적인 반응을 보였습니다. 그분이 호떡을 판매하는 것도 그리 어렵지 않았습니다. 제가 만든 냉동 생지를 가져다주면, 사장님은 그저 구워서 팔기만 하면 끝입니다. 그렇게 서로 합의를 한 뒤 서서히 봄이 오기 시작했습니다. 제품의 이름도 만들어봤습니다. 다만 그리 어려운 일은 아니었습니다. 애초에 '하동 찰빵'이었는데, 그것을 호떡 형태로 만들어 판매하는 거니까 그냥 '하동 찰호떡' 정도로만 해도 충분했습니다.

순식간에 명물이 된 하동 찰호떡

　화개장터의 최대 성수기는 바로 봄입니다. 벚꽃이 활짝 피고 봄나들이 나온 관광객들은 장터를 둘러보면서 심심한 입을 만족시킬 간식을 찾을 거라 생각했습니다. 그런데 제 예상은 매우 정확하게 들어맞은 것은 물론이고 한편으로는 매우 신기한 일까지 벌어졌습니다. 호떡을 구매한 사람들 주변에서 서성이면서 그들의 반응을 보았습니다. 모두 비슷한 말을 했습니다.

"이게 화개장터 명물이래. 한번 먹어보자."

"명물이라서 그런지 엄청 맛있네!"

사실 호떡을 파시는 사장님이나 제가 호떡을 '명물'이라고 말한 적이 없었습니다. 그런데 고객들이 먼저 호떡을 일컬어 명물이라고 말해주니 참으로 신기한 일이 아니겠습니까? 아마도 다른 지역의 명물 빵을 먹어본 사람들이 그저 자연스럽게 '하동 명물 빵'이라고 생각한 것 같았습니다. 어쨌든 그때부터 정말로 호떡집에 불이 난다는 이야기가 실감 났습니다. 사람들이 어마어마하게 줄을 서기 시작했습니다. 신기한 일은 또 일어났습니다. 정말로 기적처럼 〈VJ 특공대〉가 찾아왔습니다. 그때부터는 정말로 '화개장터의 명물'이 됐습니다.

장사가 꽤나 잘되기는 했지만, 저는 그것에서 멈출 생각은 없었습니다.

'화개장터를 찾는 사람 이외에도 이 호떡을 먹을 수 있는 방법은 없을까?'

SNS나 인터넷으로 팔아보는 것도 하나의 방법이 될 것 같았습니다. 마트에서 비슷한 경쟁 제품이 있나 찾아봤더니 '백설 찹쌀 호떡 믹스'라는 제품이 있었습니다. 제품을 구입하면 그 안에 반죽을 만들 수 있는 재료가 있었고, 그 안에 설탕 소를 넣어서 먹을 수 있는 제품이었습니다. 물론 사람마다 만들어 먹는 재미를 느끼는 경우도 있겠지만, 저는 조금 더 편리하게 고객이 먹을 수 있도록 만들고 싶었습니다. 그래서 아예 호떡 냉동 생지를 개별 포장해 판매하는 것을 시도해봤습니다. 이번에도 결과는 좋았습니다. 당시 카카오스토리 공동 구매가 유행했었는데, 정말이지 하루에 100박스 정도가 팔릴 정도가 되었습니다. 그때 저는 하동 찰호떡의 전 과정을 거치면서 식품 제조업에 대한 하나의 통찰을 하게 되었습니다.

'일단 제품을 하나 만들면 사람들이 많은 곳으로 찾아가 일단 선을 보여야 하는구나. 그러면 반응을 알 수 있고 입소문도 나고, 덩달아 TV에도 출연할 기회가 생기는구나. 무엇보다 사람들에게 편리함을 준다는 것은 큰 장점이구나!'

어떻게 보면 당시에 저는 홍보와 마케팅의 정석을 몸으로 배운 것이나 마찬가지였습니다.

계절성 강한 음식의 단점

그런데 하동 찰호떡은 한 가지 단점을 가지고 있었습니다. 그건 바로 날씨가 점점 더 따뜻해지거나 더운 여름이 되면 찾지 않는 음식이 된다는 점입니다. 계절성이 너무 강한 것이 바로 최대의 문제점이었습니다. 그때 저는 '건강식'이라는 포지셔닝으로 바꿔보려고 했습니다. 단지 추울 때 사 먹는 간식 정도가 아니라, 몸에 건강한 음식이라면 계절성을 이겨낼 수 있다고 예상했기 때문입니다. 그래서 밀가루가 아닌 쌀호떡을 만들고, 정말 건강한 씨앗을 넣고, 화학 색소가 아닌 천연 색소를 가미해 건강에 좋은 제품을 만들려고 했습니다. 물론 좋은 재료가 많이 들어가니까 가격도 어쩔 수 없이 높게 책정할 수밖에 없었습니다. 하지만 그것이 패착이었습니다. 소비자의 인식에서 호떡은 이미 '저렴한 간식'에 불과했습니다. 아무리 건강하게 만든다고 해도 '건강한 간식'에 머물 뿐, '몸에 좋은 건강식'으로 포지셔닝하기는 불가능했습니다. 이렇게 간식에 머물다 보니 그 가격 역시 간식에 적당한 1,500원을 넘기기는 힘들었습니다. 결국 더 이상 부가가치를 높이지 못한 하동 찰호떡은 계절성과 저렴한 간식이라는 틀에 묶여 무릎을 꿇고 말았습니다. 그렇게 해서 또다시 6개월 만에 지역 특색 빵을 만들려는 저의 시도는 물거품으로 돌아가고 말았습니다.

하동 찰호떡은 연이은 실패 중의 하나로 보일 수 있습니다. 어떻게 보면 겨울 한철 장사에서 이익이 있었을 뿐, 장기적으로 이어지지는 않았기 때문입니다. 그러나 이번 실패는 저에게 뭔가 다른 느낌으로 다가왔습니다. 실패는 실패지만 '성공한 실패'라고 할까요? 하나의 작은 아이디어가 어떤 사이클을 거쳐서 현실화되어 돈을 만들고, 그것이 소비자에게 인기를 얻을 수 있는지를 제 눈으로 직접 확인했기 때문입니다. '왜 하동에는 지역 특색 빵이 없을까?'라는 고민에서 시작된 그 여정이 어느 순간 줄 서는 호떡집을 만들었고, 더 나아가 '명물'이 되어 TV에 출연하고, 최종적으로 공동 구매까지 이어졌습니다. 이는 저에게 정말로 신선한 경험이 아닐 수 없었습니다. 그간 해왔던 고깃집, 죽집, 이유식 사업에서 느낄 수 없었던 사업의 신세계를 경험했다고 볼 수도 있습니다.

과거에는 죽어라 열심히 하고, 나름의 고난을 감내하면 충분한 성과가 있을 것이라고 여겼습니다. 하지만 이번 하동 찰호떡은 조금 달랐습니다. 물론 열심히 하지 않고 고난을 감내하지 않았다는 의미는 아닙니다. 사업의 내용 자체도 중요하지만, 그것을 어떻게 사람들에게 알리는가, 시장에서 어떻게 포지셔닝을 가져야 하는가, 소비자들은 어떤 식품을 좋아하는가에 대한 충분한 경험과 연습이 되었기 때문입니다. 당장 손에 쥔 돈은 많지 않았지만, 저에게는 마치 제대로 된 실력이 남았다는 느낌이 강하게 들었습니다.

결국 저는 일정한 양量이 모여야 결국 질質로 꽃이 되고, 계속되는 연습과 경험만이 진정한 실력을 부른다는 사실을 깨닫게 됐습니다. 과거의 여러 번의 실패는 그저 실패의 양이 쌓였을 뿐입니다. 그런데 실패도 자주 하다 보니 이번 하동 찰호떡처럼 어떤 성과를 남기는 '질적으로 다른 실패'에 다다른 것입니다. 거기다가 이제까지는 단순한 연습과 경험에 불과했다면, 이때부터는 새로운 자신감을 느끼게 되고 앞으로의 가능성마저 발견하는 기회가 되었습니다.

그때부터 이제 막 초보 사업가의 티를 벗어났다고 해도 될 것 같습니다. 사실 그 어떤 일이든 '초보'의 딱지를 떼면 그때부터는 일이 조금 더 즐거워진다고 봅니다. 물론 여전히 실수가 있겠지만, 그것이 곧바로 깨달음과 새로운 가능성으로 전환된다고 할까요? 그 하나하나의 것들이 모여 '아, 다음에는 이렇게 하면 되겠구나!'라는 깨달음을 얻게 되고 그것 자체에서 흥미와 재미를 느낄 수 있기 때문입니다.

성공을 부르는 마야의 법칙

호떡 이후의 새로운 아이템을 찾으면서 저는 그때부터 '호떡의 반대'만 생각했습니다. 간식이라기보다는 좀 더 먹거리에 가까운 음식, 그리고 계절성에 갇혀 있는 것이 아니라 1년 내내 그 어느 때에도 먹을 수 있는 제품을 찾아 나섰습니다. 거기다가 소비자의 트렌드까지 반영할 수 있다면 안성맞춤이었습니다.

그때 치즈 스틱이 떠올랐습니다. 당시 프랜차이즈 햄버거 매장의 사이드 메뉴로 두 조각에 3천 원 정도를 했습니다. 거기다가 치즈는 당시의 트렌드 먹거리이기도 했습니다. 치즈가 길게 늘어지는 모습이 재미있어서 TV에서도 그런 모습이 자주 나오곤 했습니다. 그래서 치즈 스틱을 만들고 그 안에 치즈와 궁합이 잘 맞는 한식 요리를 넣는다면 뭔가 확실히 다른 제품이 나오지 않을까 생각했습니다. 특히 차별화 포인트는 바로 크기였습니다. 지금도 그렇지만 소비자는 가성비를 많이 따집니다. 따라서 음식에서 가성비가 있으려면 일단 크기가 커야 한다고 생각했습니다. 그래서 그때에도 이미 소시지의 크기가 점점 커지기 시작했고, 회오리 감자의 크기도 커졌습니다. 그러니 제가 만드는 치즈 스틱도 커야만 한다고 결정했고, 그 크기를 무려 20cm 정도로 키웠습니다. 그리고 이렇게 크기를 키우면 '간단히 먹는 간식'의 이미지도 조금은 불식할 수 있을 듯했습니다. 막상 완성된 제품을 보니 '대롱'이라는 단어가 떠올랐습니다. 일단 발음 자체도 리듬감이 있거니와 다소 큰 치즈 스틱에 적합하다고 여겼습니다. 그렇게 해서 이름을 '대롱 치즈 스틱'이라고 지을 수 있었습니다.

하지만 아직 소비자들에게 선을 보이지 않은 상태에서 성공을 확신

하기는 힘들었습니다. 다만 하나의 기준으로 삼을 만한 법칙이 있었습니다. 예전에 디자인 공부를 하면서 책에서 봤던 '마야MAYA의 법칙'이었습니다. 여기에서 마야란 'Most Advanced Yet Acceptable'의 약자인데, '가장 앞서 나가지만, 충분히 받아들일 수 있는'이라는 의미입니다. 이는 현대 디자인의 아버지라고 불리는 레이먼드 로위가 만든 신제품 만들기의 원칙이었습니다. 그는 이것을 기시감과 미시감이라는 말로 설명했습니다. 기시감이란 왠지 어딘가에서 본 듯한 느낌을 의미하고, 미시감은 이제껏 보지 못한 새롭고 낯선 느낌을 의미합니다. 따라서 어떤 제품을 만들 때에는 뭔가 분명히 새롭기는 하지만, 그렇다고 완전히 낯설지는 않아야 소비자의 선택을 받을 수 있다는 이야기였습니다.

저는 그때 대롱 치즈 스틱이 바로 이런 제품이라는 생각이 들었습니다. 치즈는 이미 많은 사람들이 알고 있고 먹어본 것이라서 충분히 기시감이 있었습니다. 하지만 그 크기가 매우 크고 치즈 양이 많고, 불고기나 닭갈비와 같이 치즈와 궁합이 잘 맞는 요리가 들어갔다는 점에서 소비자들이 경험해보지 못한 새로움도 있었습니다. 한마디로 기시감과 미시감이 적절하게 어우러진 제품이었던 셈입니다.

실제 대롱 치즈 스틱은 화씨화로 이후 큰 성공을 거둘 수 있도록 해주었습니다. 연 매출이 20~30억까지 이르렀으니 이후 제가 하게 될 지금의 냉동 김밥 사업을 위한 아주 튼튼한 자금줄이 되었던 것입니다. 그러고 보니 제가 성공했던 화씨화로 역시 마찬가지였습니다. 고깃집이라는 것은 충분히 익숙하지만, 실내에 재즈가 흐르고, 화로로 고기를 굽는 방식은 충분히 새로웠습니다. 그때부터 저는 '이 마야의 법칙에 어긋나는 제품을 절대로 만들어서는 안 되겠구나'라고 생각하게 됐습니다.

더 큰 꿈으로
과거의 꿈을 덮어라

물론 그 이전에 일본에 3군데의 지사를 내기는 했지만,
'수출'이라는 형태로의 해외 진출은 최초였습니다.
결국 이렇게 고속도로 휴게소, 그리고 수출이라는 또 다른 영업망 확대를 통해서
저는 화씨화로 이후 매출이 20억 원까지 치솟는
제 인생 최대의 성공을 거두게 됐습니다.

대롱 치즈 스틱의 출발은 백화점 팝업 행사였습니다. 백화점에서는 특정한 날을 정해서 정기적으로 혹은 비정기적으로 공간을 내주고, 그곳에 잠시 입점한 업체들에게 영업을 할 수 있도록 해주었습니다. 처음 나가 본 행사에서 이미 느낌이 왔습니다. 마치 화개장터의 호떡처럼 길게 줄을 서며 손님들이 몰려들었습니다. 그때부터는 정말로 신이 나는 하루하루였습니다. 계절성에 갇히고 단순 간식이라는 한계에 갇혀서 가치를 높이지 못하던 호떡과는 더 이상 같은 제품이 아니었습니다. 사시사철 전국 어느 백화점에 가든 손님들이 줄을 섰고 돈을 벌 수 있었습니다. 그때 저는 탑차를 끌고 전국을 누비는 스낵 팝업스토어 업자가 되었

습니다. 특히 주말에는 더욱 많은 사람들이 몰렸습니다.

당장 손에 돈을 쥘 수는 있었지만, 어느 순간부터는 한계도 동시에 느끼기 시작했습니다. 일단 육체적으로 힘들었습니다. 한 달에 쉬는 날이 며칠 되지 않을 정도로 많은 곳을 돌아다녀야 했기 때문입니다. 더구나 그때 저는 결혼을 해서 아기를 낳았을 때였습니다. 집에 가는 날이 많지 않았기 때문에 아기도 무척 보고 싶었습니다. 결국 팝업 매장을 통해서 대롱 치즈 스틱의 시장성은 충분히 검증했지만, 이대로 계속 전국을 돌아다니면서 제품을 팔 수는 없었습니다. 그래도 명색이 사업가를 지향하던 제가, 탑차를 타고 전국을 도는 스낵 팝업스토어 업자가 될 수는 없었기 때문입니다. 그렇다고 포장된 제품을 만들어 전국에 유통하는 것도 쉬운 일이 아니었습니다. 치즈가 꽤나 크기 때문에 집에서 요리해서 먹기에는 부담스럽기 때문입니다. 그때 과거에 품었던 '프랜차이즈 사업자의 꿈'이 되살아났습니다.

드디어 꿈을 이룬 프랜차이즈 사업

프랜차이즈 사업을 하려면 일단 1호점이 있어야 했습니다. 저는 그때까지 모았던 돈으로 대구 동성로의 번화가에 매장 하나를 얻었습니다.

대구는 전국적으로 유명한 프랜차이즈 회사들이 많이 탄생한 지역이기 때문에 저 역시 대구에서 시작하는 것도 좋을 것이라고 봤습니다.

개점을 하자 역시나 손님의 발길은 끊이질 않았습니다. 팝업 매장 시절부터 본점 매장까지 이제 그 시장성이 확실하게 검증이 되었으니 프랜차이즈 박람회에 나가기 시작했습니다. 그러니 이걸 해보겠다는 점주들이 하나둘씩 늘어났습니다. 제가 충분히 검증했기 때문에 무조건 된다는 자신감이 있었고, 점주들에게도 분명히 돈을 벌 수 있는 아이템이라고 확실하게 이야기할 수 있었습니다. 그렇게 1년 동안 생긴 지점이 무려 15개나 되었습니다. 심지어 더 놀라운 일은 일본 도쿄에도 진출했다는 점입니다. 일본에서 사는 한국인이 저의 아이템을 보고 일본에서 하고 싶다고 했고, 심지어 '인기 있는 한국 치즈 스틱'이라며 일본의 후지TV에도 출연하게 됐습니다.

또한 우리나라 방송도 타기 시작했습니다. 유명 개그우먼과 최고의 위치에 있는 방송인 등이 대롱 치즈 스틱을 먹는 장면이 화면에 잡히기 시작했습니다. 제품은 날이 갈수록 더 잘 팔리기 시작했고 매출은 급격하게 상승했습니다.

다만 이때부터의 방송 출연에는 저의 노력이 더해졌습니다. 과거 하

동 찰호떡이 <VJ 특공대>에 출연하면서 큰 인기를 끌었던 것을 경험
했기 때문에 그때부터는 무엇을 하든 방송 출연을 염두에 두었습니다.
직접 보도자료를 작성해 방송사, 언론사에 배포하고 군청의 홍보게 같
은 곳에 가서 기사 좀 내달라고 부탁하면서 작은 지역 신문부터 노출되
기도 했습니다. 한마디로 '방송의 맛'을 알게 된 후 그때부터는 본격적으
로 활용하기 시작했습니다.

다만 그때부터는 좀 더 치밀한 방법을 사용했습니다. 단순히 홍보해
달라는 개념이 아니라 '스토리텔링'을 넣기 시작했던 것입니다. 사실 방
송사나 언론사도 단순히 제품 홍보를 해주기는 힘듭니다. 그건 홍보가
아니라 광고가 되어버리기 때문입니다. 그래서 제 나름대로 잡은 콘셉
트는 다음과 같은 것이었습니다.

'하동으로 귀촌한 청년, 지역 농산물을 이용한 프랜차이즈 사업체 대
박!'

이러한 콘셉트를 잡은 것에도 나름의 전략이 있었습니다. 당시 귀농·
귀촌이 사회적으로 큰 붐을 일으켰고, 따라서 방송사에서도 그에 걸맞
은 주제를 찾을 거란 생각이었습니다. 거기다가 중장년 이상의 귀촌이
아니라 청년의 귀촌이라는 점에서도 눈길을 끌었을 것이라고 생각합니

다. 그런데 정말로 또 한 번 〈VJ 특공대〉에서 연락이 오는 놀라운 일이 벌어졌습니다. 저의 예상이 들어맞았다는 생각에 희열을 느낄 수 있었습니다.

다만 방송 출연 이후 저희의 지점들은 큰 수혜를 받지는 못했다고 할까요? 지점들이 거의 대부분 지방에 있었기 때문에 서울 사람들이 곧바로 사 먹을 수는 없었기 때문입니다. 하지만 이는 구조적인 한계라서 어쩔 수 없는 문제라고 여겼고, 중요한 점은 제가 콘셉트를 잡은 보도자료가 어떻게 언론인들의 눈에 띄고 그것을 통해 이슈화가 될 수 있는지를 다시 한번 깨달은 큰 계기가 되었습니다.

고속도로 휴게소 진출

그 후 저는 꾸준하게 식품 박람회에 참여하게 되면서 아주 큰 두 가지 기회를 잡을 수 있었습니다. 하나는 고속도로 휴게소 운영기업을 만난 일이고, 또 하나는 홍콩 수출 바이어 업체를 만난 일입니다. 이 홍콩 바이어는 훗날 냉동 김밥을 홍콩에 수출해준 소중한 인연이기도 했습니다.

우선 고속도로 휴게소 운영기업은 전국의 휴게소 약 20여 군데를 관리하고 있었고, 이를 통해서 저의 영업망은 확 넓어질 수 있었습니다. 그런데 문제는 이 20여 개의 휴게소가 전국에 산재해 있고 발주 역시 각 휴게소가 알아서 하는 방식이었습니다. 예를 들어 경기도 화성휴게소에서 10박스를 발주하면 그곳에 가서 납품하고, 전라도 보성휴게소에서 10박스 발주가 들어오면 또 보성으로 가야 하는 시스템입니다. 만약 경부고속도로 상하행선을 따라 일괄적으로 발주가 들어오면 주르륵 납품을 하면 되지만, 이렇게 개별 발주를 하게 되면 납품하는 저는 상당히 힘들게 됩니다. 하지만 당시만 해도 대룡 치즈 스틱이 휴게소에서도 너무 잘 팔리고 있었기 때문에 저는 일종의 투자라는 생각으로 새벽 5시부터 일어나 전국을 누볐습니다.

하지만 몸이 버티기가 힘들었습니다. 결국 별도로 운전하시는 분을 뽑기도 했지만, 여러 가지 잦은 배달 사고로 인해서 개별 발주에 대응하는 방식으로는 도저히 운영을 지속하기가 힘들다고 판단했습니다. 하지만 그 사이에 대룡 치즈 스틱이 너무 잘 팔리다 보니까 다른 고속도로 휴게소 유통 업체들에서도 연락이 오기 시작했습니다. 특히 개별적으로 직접 납품하지 말고 일괄적으로 본사에 납품하고 판매권을 자신들에게 달라는 제안이 매력적이었습니다. 다만 마진율은 낮아질 수밖에 없었습니다. 그전에는 제품 1개당 1,000원의 이익이 있었다면 일괄 납품에서는 500원으로 낮아지는 방식이었습니다. 하지만 저는 오히려 그게 더

남는 장사라는 생각이 들었습니다. 더구나 이 새로운 유통업체가 관리하는 휴게소는 전국에 120군데가 되었습니다.

결국 선택은 자명했습니다. 저는 후자의 유통 방식을 택했고, 그때부터 매출은 수직 상승하기 시작했습니다. 더구나 그렇게나 많은 휴게소에 제품이 노출되다 보니 식품관련 업자들이 더 많이 찾아왔습니다. 심지어 에버랜드, 워터파크 등 대형 놀이동산 같은 곳에서도 주문이 들어오기도 했습니다.

홍콩 수출 바이어를 만난 것도 저에게는 새로운 경험이었습니다. 그는 홍콩 디즈니랜드에 간식류를 납품하는 사람이었습니다. 그를 통해서 난생처음으로 해외 진출이라는 것을 해봤습니다. 물론 그 이전에 일본에 3군데의 지사를 내기는 했지만, '수출'이라는 형태로의 해외 진출은 최초였습니다. 결국 이렇게 고속도로 휴게소, 그리고 수출이라는 또 다른 영업망 확대를 통해서 저는 화씨화로 이후 매출이 20억 원까지 치솟는 제 인생 최대의 성공을 거두게 됐습니다.

이러한 과정을 거치면서 저는 '꿈'이라는 것을 새롭게 생각해볼 기회가 있었습니다. 늘 저의 꿈이 좌절되던 상황을 많이 거치면서 더 큰 꿈을 꾸는 것이 그 좌절에서 벗어나는 길이 아닌가 싶었습니다. 실패를 하더라도 두려워하지 말고, 더 큰 꿈으로 과거의 꿈을 덮는다고 할까요?
과거에 얽매여 움츠러들지 말고, 다시 한번 도약을 꿈꾸는 자세는 이후
의 제 사업에도 큰 도움이 되었습니다.

최고의 팀워크는 내 말이 맞다고
고집하지 않는 일이다

공장을 마련하던 일련의 과정에서도
저는 많은 것을 느낄 수 있었습니다.
그것은 바로 '고된 시간들이 모여 결국 원하는 것이 이루어진다'는
것이었습니다. 저도 마찬가지지만, 대부분의 사람들은 고생을
하기를 원하지 않습니다. 보통 도전을 하지 않거나 중간에 그만두는 이유는
이 고생이 두려워서이기 때문입니다.

하동 찰빵에서부터 시작해서 대롱 치즈 스틱이 승승장구하던 2017년까지 저에게는 큰 변화가 있었습니다. 단순한 매출의 성장이나 마인드의 변화가 아니었습니다. 지금의 회사명인 '복을만드는사람들(이하 복만사)'을 지었습니다. 단순히 이름 하나를 정하는 일이라고 볼 수도 있지만, 그 안에는 앞으로 어떤 가치를 만들고 싶은지에 대한 고민과 다짐이 담겨 있습니다. 더 중요한 것은 바로 지금까지도 함께하고 있는 든든한 팀원과 인연을 맺을 수 있었다는 점입니다. 어떻게 보면 스쳐 지나가는 인연일 수도 있었지만 마치 운명처럼 함께 사업을 진행할 수 있었습니다. 또한 저만의 공장을 건축하기 위한 노력들이 차근차근 진행됐고 또

일정한 성과도 거두었습니다.

어떻게 보면 이 시기는 이제까지 혼자서만 고군분투하는 과거의 세월이 아니라, 뭔가 뼈대가 세워지고 살이 차오르는 그런 느낌이었습니다. 회사의 가치를 세우면서 미래를 바라볼 수 있었고, 함께하는 팀원을 통해 마음이 든든해졌습니다. 혼자서 모든 결정을 떠안던 시절과 달리, 서로 의견을 나누고 책임을 나눌 수 있는 구조가 만들어졌다는 점도 큰 변화였습니다. 거기다가 공장까지 생겼으니 제품 생산에 집중할 수 있는 안정적인 환경이 만들어졌다고 할까요? 저만의 공간이 생기자 더욱 집중해서 생산할 수 있었고, 계획을 세우는 방식도 조금 더 장기적으로 바뀌었습니다. 과거에는 하루하루를 그저 버티는 식이었다면, 이때부터는 뭔가 차근차근 준비되고 있다는 느낌이었습니다.

갈등을 조절하는 방법

'복만사'라는 회사 이름을 지으면서 사업에 대한 저 나름대로의 가치가 올곧게 세워졌습니다. 회사명은 저의 어린 시절 옛 어르신들의 말씀에서 착안했습니다. 아이들이 밥을 잘 먹으면 "참 복스럽게 먹는구나"라고 이야기하시곤 했습니다. 거기다가 많은 사람이 배고팠던 그 시절에는 음식 자체가 복이 아닐 수 없었습니다. 거기다가 요즘에도 "새해 복 많이 받으세요"라고 말하는 것처럼, 복은 그 자체로 기대, 희망, 행운을 말합니다. 식품 제조업을 하는 저에게는 딱 맞다고 생각했습니다. 우리 농산물로 건강하고 맛있는 음식이라는 복을 만들고, 그것으로 우리만의 문화를 만들어 나가는 회사가 되길 원했고, 우리가 만든 음식을 먹는 사람들이 좀 더 행복해졌으면 하는 바람을 담았습니다. 무엇보다 이 음식이 세계로 뻗어 나갔으면 하는 바람을 담았습니다.

무엇보다 지금까지 함께하고 있는 정한아 이사님과 김연성 상무님을 당시에 만날 수 있었던 것도 저에게는 큰 행운이었습니다. 정한아 이사님은 저를 이강삼 대표님에게 소개해주었던 옛 인연이었습니다. 그때까지만 해도 그저 알고 있는 친구 정도에 불과했고, 사실 함께 사업을 하겠다는 생각은 한 번도 하지 못했습니다. 그런데 이제 하동에서의 본격적인 귀촌과 사업을 생각하다 보니 함께 일을 할 사람이 필요했습니다. 거기다가 음식에 대해 잘 알고 식품 제조업에 경험이 있는 사람이라면 더할 수 없이 좋은 파트너라고 생각했습니다. 하지만 당시의 제가 월급을 많이 주면서 누군가를 데리고 올 형편이 아니었습니다. 그런데 마침 지금의 정한아 이사님이 당시에 회사를 그만두었다는 소식이 들려왔습니다. 거기다가 예전부터 그녀가 음식을 무척 잘한다는 점은 이미 알고 있었습니다. 함께 일할 사람이 필요했던 저에게는 정말로 큰 호재였습니다. 저는 당장 만나서 제 사업의 비전을 제시하고 함께하자고 제안했고, 그녀 역시 흔쾌하게 응했습니다. 그리고 2년 뒤에는 이사님의 남편인 상무님도 복만사에 합류할 수 있었습니다.

그때는 팀워크에 대해서 다시 한번 생각할 수 있는 기회이기도 했습니다. 왜냐하면 저는 과거에 배신당한 경험도 있고, 또한 저의 성격 때문인지 파트너와 감정적으로 대립하는 경우도 있었습니다. 그러다 보니 이제 다시는 그런 일을 겪어서는 안 되겠다고 생각했고, 제 스스로가 어떻게 처신해야 하는지를 고민했습니다. 그리고 팀워크에 대한 나름의 확실한 결론이 있어야 더 이상 회사나 저의 진로가 흔들리지 않을 거라고 생각했습니다.

가장 중요한 점은 그때부터 "내가 옳고 너는 틀렸다"는 방식으로 일하지 않았다는 점입니다. 설사 그런 생각이 든다고 하더라도, 제가 정말로 옳은지는 장담할 수 없는 노릇입니다. 언제든지 내가 틀리고 상대가 옳을 수 있는 가능성도 있기 때문입니다. 그래서 저는 의견이 다르거나 대립이 될 때에는 늘 상대방이 하고 싶은 것을 먼저 하게 했습니다. 그게 잘되면 다행이고, 설사 잘되지 않았을 때에는 그때 비로소 내가 옳다고 주장한 대로 하면 됩니다. 거기다가 제가 언쟁에서 이긴다고 하더라도 그게 정말로 이기는 거겠습니까? 단지 말싸움에서 이겼을 뿐, 실제의 성과나 성공과는 아무런 관련이 없습니다. 그런 점에서 저는 일단 상대방을 인정하고, 그 의견을 따르는 것에서부터 시작합니다. 제가 이렇게 생각하고 일을 시작하니 회사 사람들 그 누구와도 갈등이 생기지 않았고, 좋은 궁합을 유지할 수 있었습니다.

공장 마련을 위한 분투기

하동 찰빵을 시작하면서부터는 공장이 절실했습니다. 아무리 소규모 사업이라고 하더라도 가내 수공업처럼 집에서 할 수는 없었기 때문입니다. 그렇게 해서 하동 곳곳을 둘러보고 있는데, 누군가 지어만 놓고 쓰지 않은 낡은 공장 하나가 있었습니다. 주인을 만나 보증금 200만 원에 월세 30만 원을 주기로 계약하면서 임대 공장을 마련했습니다. 비록 규모도 작고 월세에 불과했지만 나만의 공장을 가질 수 있었습니다. 그런데 공장 주인이 리스크였습니다. 그분은 노름을 하시는 분 같았습니다. 밤마다 전화가 와서 돈을 좀 빌릴 수 없냐는 것이었습니다. 당시 제 상황이 누군가에게 돈을 빌려줄 정도로 여유가 있을 리는 만무했습니다. 뭐, 그건 전화로 거절하면 되는 일이니 저는 낮에는 열심히 빵을 만들었습니다. 그런데 하루는 공장 주인의 어머니가 여러 사람들과 불쑥 공장을 찾아왔습니다.

"우리가 여기서 김장을 좀 해야 되는데, 잠깐만 좀 나가줄 수 있겠나?"

참, 기가 막히고 어이가 없었습니다. 아무리 시골 사람이라고 하더라도 엄연히 돈 내고 빌리는 공장에 와서 공장 주인의 어머니가 김장을 하겠다니….

도저히 그런 곳에서는 더 일을 하지 못하겠다 싶어 결국 또 다른 공장을 알아보기로 했습니다. 그때 하동의 또래 친구 한 명은 맛밤을 만드는 사업을 시작했고 200평 규모의 공장을 마련했습니다. 다만 사업을 시작한다고 해서 곧바로 대규모 시설을 운영하는 것도 아니니, 공장 한쪽에 여유가 좀 있었습니다. 친구에게 부탁해서 제가 정식으로 공장을 마련할 때까지 좀 쓸 수 없겠냐고 부탁했습니다. 다행히도 허락해주었고 저는 이제 깨끗하고 넓은 새 공장으로 이사할 수가 있었습니다. 하지만 역시나 임시로 사용하는 것에 불과했고 조만간 새로운 공장을 마련해야 할 처지였습니다. 당장 목돈이 없는 저로서는 역시나 정부 보조금을 지원받는 방법밖에는 없었습니다. 이렇게 하기 위해서는 두 가지 문제가 해결되어야 했습니다. 뭐니 뭐니 해도 제일 중요한 것은 보조 사업을 수행할 땅이 있어야만 하고, 또 하나는 제가 하고 있는 사업이 하동군청이 원하는 보조 사업과 일치해야 했습니다. 그렇게 되면 공장을 지을 돈을 지원받을 수 있기 때문입니다.

그때 하고 있던 하동 찰빵과 찰호떡은 제가 원했던 사업이었지, 하동 군청의 사업 방향과 일치하는 사업은 아니었습니다. 그런데 마침 '지역 특산 쌀빵'을 개발하는 사업자에게 자금을 지원하겠다는 군청의 공고를 보게 됐습니다. 그래도 빵에는 자신이 있었던 만큼 과감하게 지원을 했고, 다행히도 선정이 되었습니다.

문제는 땅이었습니다. 그나마 약간의 자금이 마련되어 땅을 보러 다녔지만 제가 필요한 300~400평 규모의 땅은 없었습니다. 대체로 2000평 ~3000평 규모였기 때문입니다. 조금만 잘라서 살 수 없냐고 문의해봤지만, 땅주인들은 그럴 생각이 없었습니다. 결국 저는 이강삼 대표님을 다시 찾아가 뭔가 방법이 없겠냐고 고민을 상담했습니다. 그런데 마침 대표님의 친형님께서 경매를 통해서 땅을 구매하려고 알아보던 참이었다고 했습니다. 그래서 혹시 낙찰을 받게 되면 그중에서 300평만 잘라서 팔 수 없냐고 문의를 했습니다. 다행히도 대표님의 형님은 낙찰을 받았고, 저에게 300평을 무상임대해주겠다고 했습니다.

마지막 남은 관문은 하동군 공무원을 설득하는 일이었습니다. 아무리 땅이 마련되고 사업자로 선정되었다고 하더라도 공무원들이 여러 가지 측면으로 능력이 부족한 제가 사업을 해낼 수 있는지를 확신할 수 있어야 했습니다. 혹시라도 제가 3억 원의 지원금을 받은 후에 돈을 헛되이 쓰고 제대로 사업을 해내지 못하면 공무원들도 실적에 문제가 생기기 때문입니다. 그때도 이강삼 대표님께 큰 도움을 받았습니다. 대표님께서는 저와 함께 하동군 공무원들을 만나 신뢰를 표해주었습니다. 잘못되면 자신이 책임지겠다고 보증을 하셨습니다. 말이라도 너무 감사했습니다. 이 대표님은 지역에서 오랜 동안 사업도 하고 잘 알려져 있던 분이시기에 공무원들도 크게 의구심을 갖지 않았습니다. 그때의 일을 계기로 저는 또 한 번 이강삼 대표님에게 큰 빚을 진 셈이었습니다. 그렇게 해서 저는 처음으로 정부로부터 3억 원이라는 큰돈을 지원받을 수 있게 됐고, 드디어 월세도 임시도 아닌, 저만의 공장을 갖게 됐습니다.

공장을 마련하던 일련의 과정에서도 저는 많은 것을 느낄 수 있었습니다. 그것은 바로 '고된 시간들이 모여 결국 원하는 것이 이루어진다'는 것이었습니다. 저도 마찬가지지만, 대부분의 사람들은 고생을 하기를 원하지 않습니다. 보통 도전을 하지 않거나 중간에 그만두는 이유는 이 고생이 두려워서이기 때문입니다. 하지만 이런 고생도 없이 성공할 수 있다면, 누구든 성공할 것입니다. 그러나 그런 일은 벌어지지 않습니다. 저의 공장을 마련하는 일도 마찬가지였습니다.

30만 원짜리 월세 공장에서부터 친구에게 부탁해서 임시로 있었던 공장까지. 그리고 군청의 사업자 선정에서부터 이강삼 대표님의 친형에게 매달렸던 일까지. 그 모든 순간들이 다 고생이었고 고된 순간이었습니다. 하지만 결국 그 과정을 모두 거치게 되자, 마치 누군가가 "그래, 정말 고생했어"라며 마치 선물을 주듯 제 공장을 마련할 수 있었습니다.

'무엇을 이루기 위한 삶'보다는 '무언가를 위한 삶'

저는 지금도 '무엇을 이루기 위한 삶'보다는
'무언가를 위한 삶'을 추구해야 한다고 생각합니다.
결과나 성과보다는 그 과정에서 내가 추구하는 가치가 무엇이고,
그것이 진정으로 이루어지고 있는 방향대로 살고 있느냐가
중요하다는 이야기입니다.

새로 마련한 공장에서 안정적으로 열심히 일했던 덕분인지, 대롱 치즈 스틱 사업은 번창했습니다. 대단한 성공까지는 아니어도 어느 정도는 안정과 여유를 찾았다고 볼 수 있었습니다. 그리고 그 기간은 약 2년 정도가 유지됐습니다. 그런데 그 이후부터는 약간의 한계들이 느껴지기 시작했습니다. 모든 지점들이 승승장구할 수 있다면 더할 나위 없이 좋겠지만, 사실 어떤 프랜차이즈든 그런 일은 잘 발생하지 않습니다. 그게 지점 업주의 문제이든, 혹은 지역 상권의 문제이든 돈이 잘 벌리지 않는 곳은 반드시 생겨난다는 점입니다. 총 15개의 국내 지점 중 약 3곳 정도에서 '장사가 잘되지 않는다'라며 저에게 전화를 걸어오기 시작

했습니다. 대부분의 말은 비슷했습니다. 본사가 뭘하고 있느냐? 광고라도 좀 해라, 우리 지점 앞에 와서 시식 행사라도 좀 해달라, 이벤트도 좀 열어서 고객 좀 늘려달라…. 그들의 마음은 충분히 이해하겠지만, 제가 할 수 있는 건 한계가 있었습니다. 저는 저 나름대로 충분히 바쁜 상태였고, 몸이 세 개, 네 개도 아닌 상태에서 그들의 요구를 모두 들어줄 수도 없는 노릇이었습니다. 거기다가 저의 프랜차이즈 본사가 그런 부분에 해박하고 노하우를 지니고 있는 체계적인 조직도 아니었습니다. 조금 더 정확하게는 식재료를 만들어 공급하는 식품 제조사에 조금 더 가까웠습니다. 그러니 그들의 각종 서비스 요구에 일일이 응답하지 못하는 것은 어쩌면 너무 당연한 일이기도 했습니다. 그런데 문제는 불평불만을 쏟아내던 3지점을 제외하고 나머지 12개 지점은 여전히 장사가 괜찮게 됐고, 저에게 전화 한 통도 없을 정도였습니다. 결국 대롱 치즈 스틱이라는 제품 자체의 문제가 아니라, 지점의 업주 그들 문제라는 결론에 도달하게 됐습니다. 본인들은 아무것도 하지 않으면서 모든 것을 본사가 해결해주어야 한다는 것 자체를 제가 이해하기가 힘들었습니다. 그때 처음으로 이런 것을 느꼈습니다.

'아, 이 프랜차이즈 사업이라는 것은 그저 본사만 믿는, 무지한 사람의 생계까지 생각해야 되는 부담스런 사업이구나….'

제가 이런 부분을 또 한 번 느끼게 된 것은 제 지인의 형 중에 유명 커피 프랜차이즈를 하는 분을 만났던 일이 계기가 됐습니다. 어느 날 그 형님을 만나서 명함을 받았는데, 본인의 전화번호가 없는 것이 아니겠습니까? 그때 저는 이해를 했습니다.

'장사가 잘 안 되는 점주들의 클레임을 일일이 대응하기 힘드니 아예 명함에 전화번호조차 넣지 않았구나.'

물론 그 일은 고스란히 직원들이 담당해야 했지만, 어쨌든 사장은 마음이 편할 수 있다는 사실을 깨달았습니다. 그때 이 프랜차이즈 사업이란 좀 뻔뻔해야 할 수 있는 사업이 아닌가? 저 같은 사람은 해서는 안 되는 사업의 영역이 아닐까? 하고 생각해 보기도 했습니다. 결국 저는 그렇게 계속해서 클레임이 걸리는 프랜차이즈 사업에 대한 자신감이 떨어지기 시작했습니다. 지금은 15개 지점에서 3개 지점이 문제라고 한다면, 만약 제가 지점을 150개로 늘린다면 그중 30개의 업체가 저에게 전화를 건다는 이야기가 아닙니까? 정말이지 상상만 하더라도 한숨이 푹 나올 정도로 앞이 깜깜했습니다. 그때부터 저는 지점을 늘리는 일은 그만두고, 다른 유통망을 통해서 대롱 치즈 스틱 사업을 이어가야겠다는 생각을 하게 됐습니다.

동시에 또 다른 아이템을 찾아야 하겠다는 생각에 온라인에서 다양한 검색을 하게 됐습니다. 그런데 저의 흥미를 끄는 놀라운 기사를 발견했습니다. 2018년 12월경, 한국농수산식품유통공사 일본 오사카 지사가 올린 인터넷 보도자료를 보게 됐습니다. 일본의 무인양품이라는 곳에서 '코리안 스타일 스시롤'이라는 제품이 대박이 났다는 내용이었습니다.

일본에서 우리 김밥과 유사한 음식을 마끼라고 합니다. 마끼의 속 내용물은 김밥에 비하면 비교적 단순합니다. 하지만 우리 김밥은 오색 빛깔로 다섯 가지 이상 속재료가 다양하게 들어가 더 건강하고 한입에 다양한 맛을 느낄 수 있습니다. 그런 우리 대한민국 대표 간편식 김밥을 코리안 스타일 스시롤이라 해서 판다고?

그때 저는 한 가지 생각이 들었습니다.

'일본에서 아무리 김밥을 만들어도 한국인보다는 못 만들지 않겠어? 만약 내가 김밥을 냉동시켜서 유통시키면 되지 않을까?'

여기에서 한 걸음 더 나아가 '스시롤'이 아닌 김밥 고유 명사 그대로 사용해서 팔고 싶다는 마음도 들었습니다. 바로 이러한 간단한 생각이 바로 오늘날 복만사의 냉동 김밥 '11시45분'의 시작이었고, 동시에 대한민국 최초의 냉동 김밥의 출발이었습니다.

아! 11시45분이라 하면 어떤 의미가 담겨 있느냐고 물으시는 분들이 많습니다. 중학교 시절 점심시간이 떠올랐습니다. 12시 점심시간이 오기 15분 전, 늘 배가 고팠던 시간.

11시45분입니다.

지역 농산물에 대한 마음의 짐

저는 다음 날부터 곧바로 편의점 김밥을 사서 얼린 후 전자레인지에 돌려서 먹어보았습니다. 맛은 그런대로 괜찮았지만, 문제는 김밥이 여지없이 터진다는 점입니다. 헝클어진 김밥은 그 자체로 상품성이 제로였습니다. 그때 김밥을 냉동한 후 터지지 않게 해동하는 것이 품질력의 핵심이라는 사실을 알게 됐습니다. 물론 일본에서는 이미 그것이 가능했기 때문에 냉동 제품이 있었을 것이고, 그렇다면 저는 반드시 방법이 있을 거라고 여겼습니다. 그리고 그때부터 이제 저는 대롱 치즈 스틱의 후발 주자로 냉동 김밥을 선정했습니다. 그리고 이렇게 한 배경에는 이제까지 저의 마음에 걸리던 부분을 이 김밥이라는 아이템이 완전히 해소해줄 수 있을 것이라고 믿었기 때문입니다.

하동 찰빵부터 호떡, 그리고 대롱 치즈 스틱까지 겉으로는 '지역 농산물을 사용한다'는 명분을 내걸기는 했지만, 실제로 그것에 충실하지는 못했습니다. 빵이든 호떡이든 대부분 수입된 밀가루를 사용했고, 국산 농산물은 극히 일부가 들어갈 뿐이었습니다. 대롱 치즈 스틱에도 여러 속 재료들이 들어가면서 지역 농산물을 쓰기는 했지만, 생각만큼 많지는 않았습니다. 따지고 보면 치즈는 외국에서 수입한 것이고 빵가루 역시 대기업 밀가루 제품이었기 때문입니다. 어떻게 보면 '지역 농산물을 많이 사용했다'는 사실은 거짓은 아니지만, 그렇다고 진실도 아닌 셈이었습니다. 하지만 이는 꼭 저에게만 해당하는 말은 아닙니다. 다른 기업의 많은 제품들 역시 국내 농산물이 실제 사용되는 비율은 30%도 채 되지 않기 때문입니다. 라면만 하더라도 수입산 밀가루를 통해 제품을 만들어 '한국 제품'이라고 말하는 것일 뿐, 국내산 쌀가루나 밀가루로 무언가를 제대로 만들어 하는 기업들을 찾아보기는 힘들었습니다. 사실 이 부분이 계속해서 저의 마음에 걸려왔던 것이라고 해도 과언이 아닙니다.

멘토이신 이강삼 대표님께서는 저를 처음 만났을 때 "식품제조업이 무엇이라고 생각하느냐"라고 물으셨습니다. 질문에 대답을 못하니 이렇게 말씀하셨습니다.

　"식품제조업은 국가의 기반 산업이네. 식품 제조는 농수축산물을 대량으로 매입해 사용하기 때문에 대한민국 농업을 살리는 역할을 하며, 동시에 지방에 새로운 일자리를 만들어 내는 가치 있는 산업이 되는 거네."

　그 말씀은 제가 사업을 바라보는 시각을 단순히 돈을 버는 일이라는 생각으로부터 완전히 벗어나게 하는 중요한 계기가 되었습니다.

　사실 오늘날에는 먹거리가 충분하다 못해 넘친다고 해도 과언이 아닙니다. 그러다 보니 오히려 농업의 중요성이 간과되고 있습니다. 농업이 중요하다고 생각하지 않으니, 젊은이들은 농촌을 떠나고, 도시로 간 뒤 다시 되돌아오지 않고 있습니다. 당연히 농촌은 인구 소멸의 위기를 겪고 농업의 기반도 약해질 수밖에 없습니다. 이러한 악순환이 계속되면 결국 국토의 균형 발전은 불가능하고 국가의 식량 안보에도 치명적인 위기가 올 수 있습니다. 농업은 단순한 1차 산업이 아니라 국가 경제 전체와 연결되어 있으며, 우리가 반드시 지켜 내야 할 중요한 산업입니다.

나의 사명을 이룰 아이템

무엇보다 저는 하동으로 귀촌하면서부터 '농업의 가치'라는 것에 대해 많은 생각을 해왔습니다. 하동에서 자리를 잡을 수 있게 도와주시고 농업과 식품업을 가르쳐주신 저의 멘토 이강삼 대표님께서 늘 하시던 말씀입니다.

"은우야! 돈의 가치보다 더 중요한 게 농업에 있다. 사업을 하지만 우리는 비즈니스맨이 아니다. 우리는 농업에 종사하는 농민이어야 한다. 농업을 중요하게 생각하고, 그렇게 하기 위해 가능한 국산 농산물을 많이 수매하고, 조금 비싸도 지역 농산물을 매입하고 가공시켜 부가가치를 높여 판매하는 일이 우리의 역할이다."

도시에서 꿈을 좇다가 농촌에서 성공의 기회를 가지게 된 저는 자본의 가치보다 존재의 가치를 배울 수 있었고 사업의 진정한 의미를 깨달을 수 있었습니다. 저는 그분의 말씀이 농민, 그리고 농업에 대한 지극한 사랑과 애정에서 비롯됐다고 봤습니다. 돈벌이보다 농민의 마음을 강조하는 그 모습 속에서 평생을 농업에 바친 우리 사회의 '큰 어른'의 모습을 봤다고나 할까요? 저 역시 귀촌을 한 이상, 그분의 교훈이 늘 가슴 속에 남아 있었습니다. 그러다 보니 저의 기본적인 마인드 역시 돈보다는 '내가 지켜야 할 가치가 무엇인가'를 고민하기도 했습니다.

사실 저는 장사를 시작할 때부터 늘 돈 많은 사람이 꿈이었습니다. 배운 것도 부족하고, 기술도 없이 돈만 쫓으면서 살아왔기 때문에 그간 성공에 이르지 못했다는 생각도 들었습니다. 잠시 성공을 맛보았던 외식업에서 그것을 나의 '실력'이라고 착각하고, 다람쥐 쳇바퀴 돌듯이 오로지 돈만 쫓았고 그러는 동안 이룬 것은 없이 그냥 힘만 들었던 시기를 거쳐 왔습니다. 그런 저는 이강삼 대표님을 만나 농업의 가치를 알게 됐고, 그것을 지키고 발전시켜야 한다는 것을 저의 사명으로 받아들일 수 있었습니다. 더 나아가 대한민국 농업을 살리는 일, 우리나라의 발전을 위해 작은 지역에서라도 일조를 할 수 있다는 것, 무의미하게 돈을 버는 것보다 훨씬 가치가 있다고 믿기 시작했습니다.

그런 점에서 김밥은 저의 사명을 다할 수 있는 최적의 아이템이기도 했습니다. 빵이나 호떡, 치즈 스틱과는 다르게 김밥에는 김, 쌀, 각종 야채, 고기 등 모든 재료를 지역 농산물로 사용할 수가 있습니다. 심지어 소금 등의 양념마저 지역 제품으로 사용할 수 있으니, 안성맞춤이 아닐 수 없습니다. 그러니 저에게 김밥은 새로운 사업의 아이템이기도 하지만, 또 한편으로는 지역 농산물을 최대한 사용할 수 있으며 사회와 동반 성장 할수 있는 가치 있는 도전이라고 할 수도 있습니다.

또 다르게 말하자면 '돈을 따라간다'와 '돈이 따라오게 만든다'라는 차이가 아닌가 싶습니다. 저는 지금도 '무엇을 이루기 위한 삶'보다는 '무언가를 위한 삶'을 추구해야 한다고 생각합니다. 결과나 성과보다는 그 과정에서 내가 추구하는 가치가 무엇이고, 그것이 진정으로 이루어지고 있는 방향대로 살고 있느냐가 중요하다는 이야기입니다. 그래서 복만사의 냉동 김밥은 비로소 저의 꿈과 사명을 펼칠 수 있는 소중한 기회로 다가왔습니다.

새로운 지평선에서
미래의 10년을 본다

전 세계 20개국에 수출된 한국의 맛,

Kimbap(김밥)

마이크로소프트사의 빌 게이츠가 이런 말을 했습니다.

"우리는 보통 1년 안에 할 수 있는 일은 과대평가하고, 10년 안에 할 수 있는 일은 과소평가한다."

되돌아보니 저도 그랬던 것 같습니다. 열정과 의욕이 넘쳐 1년 내에 뭐든지 해낼 수 있다고 생각해본 적이 한두 번이 아니었습니다. 그런데 한 번은 10년 전의 저와 10년 후의 저를 비교해보고 깜짝 놀란 적이 있습니다. 제가 보기에도 현격한 차이가 있었기 때문입니다. 한 해 매출 겨우 2천만 원이었던 제가 10년 후 100억 원의 매출을 이룰지 상상도 못했고, 국내 유통망을 뚫은 일이 자랑스러웠던 제가 이제는 전 세계 유통망을 가지고 있기 때문입니다.

'적절한 크기의 꿈'이라는 것은 존재하지 않습니다. 꿈은 아무리 크게 꾸어도 상관없는 무한대의 자원이기 때문입니다. 물론 10년 후 제가 또 어떻게 변할지는 저조차 알 수 없습니다. 하지만 이제는 과거보다 훨씬 많은 설렘과 기대감으로 나아갈 수 있을 것 같다는 사실만큼은 확실합니다.

한계를 알기 위해서는
한계에 도전해 보아야 한다

정말로 그 사장님 역시 '숙달된 인원'이 답이라는 말을 들려주고,

나름의 노하우까지 알려주었습니다.

결국 저는 공장에 돌아가 직원들의 숙련도를 끌어올리기 위해 노력했습니다.

그랬더니 정말로 신기하게도 점차 생산량이 늘기 시작했습니다.

저만의 비전과 가치를 담은 냉동 김밥을 새로운 사업으로 우뚝 세우기 위해서 가장 중요한 것은 '해동해도 안 터지는 김밥'을 만들어내는 일이었습니다. 처음에는 아주 두꺼운 김으로 김밥을 싸면 되지 않을까 생각해봤습니다. 그런데 실제로 해보니 김이 너무 두꺼운 나머지 전자레인지에서 해동 후 질겨서 먹을 수가 없었습니다. 단순히 김의 두께를 두껍게 한다고 해서 해결될 문제가 아니었던 것입니다. 그때부터 전국에 있는 최적의 김을 찾아 나서기 시작했습니다. 그때 우리나라에 그토록 김의 종류가 많다는 사실을 알게 됐습니다. 수없이 사고, 먹어보고, 쓸 수 없는 김은 버리는 일이 이어졌습니다. 그렇게 최적의 김을 찾아내는

데에는 3~4개월 정도가 걸렸던 것으로 기억됩니다.

또 하나는 냉동 후에 나오는 수분을 제어하는 일이었습니다. 사실 모든 냉동 제품은 해동을 하게 되면 수분이 생깁니다. 그러니 김이 터지는 일은 어떤 면에서 매우 자연스러운 일입니다. 그러면 이 수분은 어떻게 최소화할 것인가? 결국은 식재료의 수분을 줄이면 전체적인 수분이 줄어들게 되어 있습니다. 그래서 오이와 같이 수분이 많은 식재료는 사용하지 않고, 꼭 필요한 당근의 경우에는 건조를 한 후 최소한의 수분만 남긴 채 김밥 재료로 활용하는 방식을 선택했습니다. 밥도 마찬가지였습니다. 밥을 지은 후 최대한 수분기를 날리고 1차로 냉각한 밥을 사용했습니다.

마지막으로는 급속 냉동이었습니다. 보통 물이든 음식이든 서서히 얼리게 되면 팽창하는 과정을 거치면서 냉동이 됩니다. 김밥 역시 이 과정에서 부풀게 되면 김이 찢어지게 됩니다. 따라서 부풀면서 김이 찢어지지 않게 하기 위해서는 부풀기 전에 급속 냉각을 하는 것이 방법입니다. 이렇게 했을 때의 또 하나의 장점은 급속냉각을 하게 되면 영양성분이 파괴되지 않고 신선도가 유지된다는 점입니다. 결국 김 선별, 수분 제어, 급속 냉동을 통해서 저는 드디어 터지지 않는 건강한 김밥을 만들어낼 수 있었습니다.

신축 공장의 건설

그런데 해결해야 할 또 하나의 문제가 있었습니다. 그것은 꽁꽁 언 김밥을 골고루 녹일 수 있는 해동법입니다. 두껍고 긴 냉동 김밥을 전자레인지에 넣고 3분을 돌리면 김밥의 속 재료까지 다 녹지 않습니다. 그렇다고 3분 40초를 돌리면 속 재료까지 모두 녹지만, 문제는 김밥의 양쪽 끝부분이 딱딱하게 말라버리는 현상이 발생합니다. 이 문제를 해결하기에도 참으로 난감했습니다. 단순히 조리 시간을 조절하는 문제가 아니었기 때문입니다. 결국 저는 열전도율이 최대화되면서 3분 만에 김밥이 조리되는 전용 트레이를 만들 수 있었습니다. 개별 김밥 사이에 틈을 만들어주면 온기가 골고루 전달되면서 빠르고 골고루 녹았고, 아랫부분에는 빠져나온 수분이 고일 수 있는 약간의 여유 공간도 마련해주었습니다. 이렇게 해보니 결국 막 김밥을 쌌을 때만큼의 부드러운 식감과 맛이 잘 유지될 수 있었습니다.

이렇게 애초에 생각했던 냉동 김밥이 완성되자 저의 마음에는 뭐라 말할 수 없는 정도의 환희가 들어찼습니다. 세상에 없는 냉동 김밥을 최초로 만들어냈다는 자부심에 그간의 온갖 고생은 씻은 듯이 사라지고 말았습니다. 그리고 전 세계에 한국 음식을 알리겠다는 복만사의 포부가 곧 이루어질 것 같은 자신감이 들었습니다.

그리고 냉동 김밥을 완성된 형태로 만들어내는 과정에서 드디어 현재 복만사의 공장을 신축하고 이전해 올 수 있었습니다. 과거 정부 지원금 3억 원 정도로 지었던 100평 규모의 공장에서는 대롱 치즈 스틱을 생산하면서 동시에 냉동 김밥에 관한 온갖 테스트를 했습니다. 그런데 막상 대량으로 제품을 생산하려다 보니 그 정도의 공장 규모로는 도저히 감당할 수 없었습니다. 아무리 봐도 제조를 위한 동선을 만들 수가 없었고 급속 냉동실 자체도 없었기 때문입니다. 결국 새로운 공장을 마련해야 하는 또 하나의 중요한 과제가 제기된 것입니다.

결국 저는 중소기업진흥공단으로부터 공장 신축의 명목으로 대출을 받는 방법을 선택했습니다. 다만 이번에는 그리 어렵지 않게 대출을 받을 수 있었습니다. 이미 대롱 치즈 스틱에서 매출과 성장세가 증명됐기 때문입니다. 그렇게 해서 전체 건축비의 70% 정도를 대출받은 금액과 회사가 모아온 돈, 그리고 빌린 돈을 합쳐 총 30억 원 규모의 대형 공장이 마련됐고, 저는 이번에야말로 오랜 기간 안착할 수 있는 진짜 내 공장을 가질 수 있었습니다.

상상만으로 지은 공장

    나만의 새 공장을 가질 수 있는 것은 정말로 좋은 환경이었지만, 이후에도 해결해야 할 과제는 적지 않았습니다. 이제까지 냉동 김밥을 테스트하고, 실제 제품화를 위한 다양한 노력은 그저 제가 혼자 해본 연구개발R&D 과정일 뿐이었습니다. 비록 그것이 성공했다고 하더라도, 이제 대량 생산을 위해서는 새 공장 내부의 동선에 따라서 기계 설비를 설치하고, 대량 생산을 할 수 있는 각종 시스템을 갖추는 일이었습니다. 이것은 단순히 저와 제 동료가 R&D를 하는 것과는 완전히 차원이 다른 문제입니다.

    일단 장비를 설계하는 일에서부터 문제가 생겼습니다. 냉동 김밥을 만드는 회사는 저희가 최초였으니 어디선가 벤치마킹할 곳이 단 한 군데도 없었던 것입니다. 일반적인 김밥 회사의 공장을 한 번 정도만 견학해도 어느 정도는 감을 잡을 수 있었지만, 이러한 부분을 선뜻 공개해줄 사람도 없거니와 또 주변에서 김밥 사업을 하는 사람을 찾기도 힘들었습니다. 결국은 상상만으로 동선을 설계하고 장비를 배치할 수밖에 없었습니다. 아무것도 없는 공간에서 마치 연극배우가 연극을 하듯, 김밥을 싸보고, 썰어보고, 포장해보고, 냉동실에 넣고, 제품을 출하해서 트럭에 실어보면서 그렇게 냉동 김밥 공장의 내외부가 조금씩 완성되어 갔습니다.

이후 본격적으로 냉동 김밥을 생산하면서부터도 문제가 있었습니다. 처음 김밥 성형기를 들여와서 제품을 생산할 때였습니다. 구매 당시에는 분명히 '시간당 2,000개 생산'이라는 사양이 제시되어 있었습니다. 그러면 하루 8시간을 돌리면 1만 6,000개가 생산되니 충분히 감당할 정도의 양이었습니다. 하지만 실제 성형기를 가동해보니 1시간에 2,000개가 아니라 하루 종일 2,000개가 만들어지는 것이었습니다. 이러면 사업 자체가 불가능해지는 상황입니다. 애초에 사업 계획을 짤 때에도 생산 인원, 생산량, 그에 따른 매출 등을 충분히 계산하고 시작한 일인데, 만약 하루에 2,000개밖에 나오지 않는다면 애초에 사업을 시작할 이유 자체가 없어집니다. 아무리 이유를 파악하려고 해도 되지 않았고, 아무리 열심히 만들어도 하루에 2,000개를 넘지 않았습니다. 저는 제가 속아서 성형기를 산 것은 아닌지 의문이 들 정도였습니다. 제품을 판매한 회사에 전화를 걸어 문의했더니, 기계가 문제가 아니라 숙달되지 않은 노동력이 문제라는 답이 돌아왔습니다.

그러나 도대체 어떻게 해야 숙달이 되는지, 그런 사람을 어떻게 찾는지도 알 수가 없어 답답할 수밖에 없었습니다. 할 수 없이 인터넷에서 편의점 냉장김밥을 만드는 회사를 찾아 무작정 전화를 걸어 사장님을 만나게 해달라고 했습니다. 하지만 평소 알지도 못하는 사람이 뜬금없이 만나자고 하니 누군들 쉽게 만나 주겠습니까? 결국 저는 세 번의 전화 끝에 겨우 사장님을 만나 대화를 할 수 있었습니다. 그랬더니 정말로 그 사장님 역시 '숙달된 인원'이 답이라는 말을 들려주고, 나름의 노하우까지 알려주었습니다. 결국 저는 공장에 돌아가 직원들의 숙련도를 끌어올리기 위해 노력했습니다. 그랬더니 정말로 신기하게도 점차 생산량이 늘기 시작했습니다. 하루 4,000개, 5,000개가 되더니 어느 순간부터는 1만 개를 훌쩍 넘어서기 시작했습니다.

'훌륭한 선택'이란 없다.
내가 한 선택을 훌륭하게 만들 뿐이다

중요한 것은 어떤 선택을 할지 저울질하면서
시간을 낭비하는 일이 아니라고 봤습니다.
또 그 과정에서 진정한 경험과 내공을 쌓을 수 있으며,
궁극적으로 그것이 모여 저의 실력이 된다고 믿었습니다.

당연한 이야기겠지만, 제품은 생산이 전부가 아닙니다. 당연히 판매처가 있어서 공장이 돌아가고 회사가 돈을 벌 수 있습니다. 애초의 의도에 맞는 냉동 김밥을 만들 수 있는, 공장이 마련되고 소량 생산을 해내는 과정 중에 저는 판로 개척을 위해 백방으로 뛰어다녔습니다.

우선 정부의 지원을 받아 보려고 했습니다. 아무래도 수출을 중심으로 하는 제품이었기 때문에 정부의 지원이 절실했습니다. 특히 해외 마케팅 분야에서는 더욱 그랬습니다. 제가 외국에 나가서 마케팅을 할 수는 없었기 때문에 정부의 도움은 큰 힘이 될 수밖에 없었습니다. 또한

수출 지원을 위한 자금도 얻을 수 있으니, 한마디로 든든한 지원군이 아닐 수 없었습니다.

사업 계획을 알리면서 지원을 따내려고 노력했지만, 정작 그들의 반응은 미지근했습니다. 많은 사람들이 냉동 김밥 사업 그 자체를 의아하게 바라봤기 때문입니다. 한마디로 말하면 '김밥은 편의점에서도 팔고, 동네에도 김밥집이 많은데, 뭐 하러 굳이 얼리고 해동하냐'는 이야기였습니다. 거기다가 '그렇게 해도 맛이 있냐'는 기본적인 의구심도 많았습니다. 하지만 제가 바라보는 냉동 김밥의 시장 포지셔닝은 명확했습니다. 수출하는 김밥, 그리고 고속도로 휴게소와 같은 곳, 혹은 편의점이 없는 산간 지방에서 간단하게 데워서 먹을 수 있는 김밥이었습니다. 또 야근을 하면서 배를 채우기 힘든 상황에 놓인 분들이 굳이 편의점까지 가지 않아도 먹을 수 있는 음식이었습니다. 무엇보다 유통 기간이 긴 것도 큰 장점이었습니다. 최대 12개월 동안 먹을 수 있기 때문에 회사 탕비실에 쌓아 놓고 먹어도 충분하다는 장점이 있었습니다.

하지만 이러한 저의 기본적인 제품 콘셉트 자체를 이해시키는 것 자체가 힘들었습니다. 그래서 당시 저는 누구를 만나러 갈 때면 냉동 김밥과 함께 기본적으로 전자레인지를 들고 다녔습니다. 언제 어디서 시식을 해야 할 수 있는 상황이 있을지 모르기 때문입니다. 거기다가 당시만 해도 '과연 외국 사람들이 한국의 김밥을 좋아할까? 그래서 정말로 대량 수출이 가능할까?'라는 점에서도 의문이 많았습니다. 김치나 떡볶이 정도야 외국인들도 좋아하기 시작한 한류 식품이라지만, '듣보잡'이라고 할 수 있는 김밥까지 사랑받을 것이라는 점에서는 의구심이 컸습니다. 무엇보다 미국에서 틱톡 챌린지가 일어나면서 한국 김밥이 본격적으로 알려지기 시작한 시점은 2023년 하반기였습니다. 하지만 제가 냉동 김밥을 만들어서 출시했던 시기는 2020년 하반기였으니, 매우 빠른 시기임에는 틀림없었습니다. 그러니 공공기관에서 심사를 담당하던 심사위원들이 제가 만든 냉동 김밥에 그리 큰 관심을 가지지 않았던 것은 어쩌면 당연한 일일 수도 있었습니다.

후회하지 않는 선택을 하는 법

여러 정부 기관과 대학교수, 식품전문가들 앞에서 사업 발표를 해봤지만, 늘 비슷한 결과에 저는 정말로 많이 지쳤습니다.

'정말로 냉동 김밥은 하면 안 되는 건가?'
'내가 지금 괜히 억지를 부리고 있는 건가?'

내가 나를 의심하는 과정, 그건 정말로 자존감을 떨어뜨리는 일이 아닐 수 없었습니다. 저는 당시에 과연 삶에서의 선택이라는 것은 무엇인지 많은 고민을 했습니다.

'우리의 삶은 늘 선택의 연속인데, 과연 올바른 선택을 하는 방법은 무엇일까?'

'절대로 후회하지 않는 선택을 할 수 있는 기준 같은 건 없을까?'

하지만 저의 결론은 '선택에는 맞고 틀리고가 없다'였습니다. 애초부터 올바른 선택, 후회하지 않는 선택을 하는 것은 불가능해 보였기 때문입니다. 타임머신을 타고 자신의 미래를 앞서 다녀오지 않은 다음에야 100% 올바른 선택을 하는 사람이 있을까요? 결국 자신의 선택이 올바르고 정확했다는 사실을 증명해 내고, 후회하지 않을 결과를 만들기 위해 최선을 다하는 것 이외에는 다른 방법이 존재하지 않는다고 생각했습니다. 중요한 것은 어떤 선택을 할지 저울질하면서 시간을 낭비하는 일은 아니라고 봤습니다. 또 그 과정에서 진정한 경험과 내공을 쌓을 수 있으며, 궁극적으로 그것이 모여 저의 실력이 된다고 믿었습니다.

물론 저뿐만 아니라 선택을 해야 할 때에는 모두 불확실한 미래가 두렵습니다. 저 역시 냉동 김밥을 계속해 나갈 때 과연 저에게 어떤 미래가 닥칠지 두려웠습니다. 하지만 다시 생각해 보면 과연 우리에게 '확실한 미래'라는 것이 있을까요? 이미 그 자체가 모순이라고 봅니다. 결국 저 역시 불확실한 미래와 올바르지 못한 선택에 대한 두려움과 불안을 내려놓고 애초의 저를 믿으면서 현실에 충실하기로 결정했습니다.

홍콩 수출과 마켓컬리 입점

2020년 공장이 완공되면서 저는 냉동 김밥의 판로 확대를 위해 모든 것을 걸었습니다. 그러나 문제는 쉽게 풀리지 않았습니다. 여기에 엎친 데 덮친 격으로 3월부터 팬데믹이 선포되더니 전 세계가 큰 공포에 휩싸이기 시작했습니다. 중요한 것은 이때까지 유지되어 오던 대롱 치즈 스틱이 흔히 말하는 '폭망' 하는 수준에 이르렀다는 점입니다. 사람들이 외출을 자주 하지 않으니 지방으로 여행 가는 수요도 현저하게 줄어들었고, 동시에 고속도로에 들러 왁자지껄 음식을 사 먹지도 않았습니다. 그러니 대롱 치즈 스틱도 당연히 팔리지 않았습니다. 이제까지의 매출에서 70~80%가 줄어들었으니, 더 이상 사업을 연명하는 것 자체가 힘들 지경이었습니다. 워터파크, 놀이동산, 프랜차이즈사업, 일본의 매장 모든 곳에서 철수했습니다.

하지만 지금 되돌아보면 그때의 상황이 저에게는 오히려 잘됐다고 봅니다. 그전까지는 그나마 대롱 치즈 스틱에서 일정한 매출이 있었기 때문에 냉동 김밥 사업이 본격적으로 풀리지 않아도 연명할 수 있었습니다. 하지만 일단 치즈 스틱을 접어야 할 상황에 처하자 오히려 저는 냉동 김밥에 초집중할 수밖에 없었습니다. 퇴로가 막혔을 때 오히려 죽을 각오로 싸우는 심정이라고나 할까요? 이제 냉동 김밥이 아니면 생존할 방법이 없다는 절박한 생각으로 전력 질주를 하기 시작했습니다. 결국 코로나19의 시련이 있었기 때문에 냉동 김밥이 탄생했다고 해도 과언이 아닙니다. 대롱치즈스틱 사업이 잘 되었더라면, 모두가 안 된다 했던 김밥사업을 굳이 죽을 각오로 노력했을까요?

그러자 결국 영화의 반전처럼 돌파구가 마련됐습니다. 2020년 7월의 첫 홍콩 수출과 2021년 하반기의 마켓컬리 입점이었습니다. 이 두 가지 일은 사업의 커다랗고 결정적인 변곡점이 됐고, 제 인생의 '대사건'이기도 했습니다. 홍콩 수출 실적은 이후 전 세계 20개국 수출을 위한 큰 도약대가 되었고, 마켓컬리에서의 성공은 국내 시장에 '냉동 김밥'이라는 제품을 알리는 계기가 되었기 때문입니다. 그리고 과거 20억대 매출의 대롱 치즈 스틱 사업자였던 저를 이제 매출 100억대의 냉동 김밥 사업자로 만들어 주었습니다. 하지만 여기까지 오는 과정도 정말로 만만치 않았습니다. 심지어 하동에 물난리가 나 공장이 물에 잠기는 모습을 보면

서 '차라리 잘됐다. 홍수가 나서 사업이 망했다고 하면 핑계라도 있지 않

겠냐'는 생각을 할 정도로 막다른 골목에 몰렸기 때문입니다.

도전을 견디는 강한 심장이
새로운 기회를 만든다

어쩌면 과거에 제가 했던 많은 실패를 통해

이렇게 도전을 멈추지 않는 강한 심장을

만들어왔던 것은 아닌가 생각해 봅니다.

매 순간 좌절을 만날 때마다 정말 당황스럽고 죽을 만큼 힘들었지만,

결국 그것은 나를 죽이는 고통이 아니라

나를 살리는 고통이라는 점을 새삼 깨닫곤 합니다.

냉동 김밥의 판매처를 확보하기 위해 가장 먼저 개척한 곳은 고속도로 휴게소였습니다. 이미 대롱 치즈 스틱을 유통해 본 경험이 있기 때문에 알고 있던 업체 대표에게 '대롱 치즈 스틱이 잘 팔리지 않으니 냉동 김밥으로 바꾸면 어떨까요?'라고 제안을 했습니다. 그때 유통사 대표 역시 코로나19로 인해 휴게소 영업이 부진했고, 뭔가 새로운 기회를 찾아야 할 때였습니다. 그래서 냉동 김밥이라는 소리에 귀가 번쩍 뜨였던 모양입니다. 무엇보다 과거에는 휴게소에서 김밥을 전혀 팔지 않았습니다. 일단 재료의 준비에도 시간이 들어가는 것은 물론이고 쉽게 상할 수도 있었기 때문입니다. 특히 여름철의 뜨거운 날씨에서는 한나절만 지

나도 김밥이 상하곤 했습니다. 그러니 김밥보다는 우동, 라면, 어묵, 핫도그처럼 간편하고 상하지 않는 메뉴가 주를 이뤘습니다.

그런데 제가 만든 냉동 김밥은 꽤나 신선한 메뉴였습니다. 휴게소 판매원들이 직접 김밥을 싸고 자를 필요도 없고, 그저 전자레인지에 돌려서 내놓기만 하면 그만이기 때문입니다. 코로나19로 인해서 사람들이 많지는 않았지만, 그래도 김밥 같은 간편식이면 판매가 잘될 것으로 보았습니다. 결국 유통사 대표는 자신이 전자레인지 구매 비용을 댈 테니, 저 보고도 냉동 김밥을 대라고 했습니다. 그렇게 해서 전국 100여 개의 휴게소에 드디어 냉동 김밥이 진출하게 됐습니다.

저 나름대로는 기대감도 높았지만, 결론적으로 보자면 그리 큰 성공을 하지는 못했습니다. 일단 가격적인 부분에서 한계가 있었습니다. 당시 김밥 한 줄에 소비자가 5천 원에 판매하고 있었는데, 이것이 낮은 금액은 아니었습니다. 그러나 고속도로 휴게소 유통구조상 마진이 상당히 박했습니다. '한국도로공사 수수료+고속도 휴게소 이익+유통사 이익'을 제외하고 나머지가 제조사의 이익이 되는 터라 결국 전형적인 박리다매의 구조였던 셈입니다. 그뿐만 아니라 우동이나 어묵 등은 준비하는 데 시간이 별로 걸리지 않습니다. 하지만 냉동 김밥은 1개당 3분이라는 시간이 필수적으로 소요됩니다. 그러니 전자레인지를 2대 설치한다고 하더라도 10명이 줄을 서면 최소한 15분 뒤에야 겨우 마지막 소비자가 냉동 김밥을 손에 쥘 수 있는 것입니다. 그렇다고 무작정 전자레인지의 대수를 늘릴 수도 없으니, 이 역시 구조적인 한계에 갇혔다고 볼 수가 있습니다. 결국 고속도로 휴게소의 김밥 판매 역시 별다른 성공적인 성과 없이 잦아들고 말았습니다. 코로나 당시 식당 영업 제한을 했을 때에는 판매대의 맨 앞에 진열되었지만, 차츰 수요가 줄어들면서 매대에서 두 번째, 세 번째로 점점 뒤로 밀려나갔습니다. 현재는 저희 제품이 아닌 타사 제품으로 공급되고 있습니다.

"수출은 해보셨어요?"

고속도로 휴게소에만 의존할 수는 없었기 때문에, 또 새로운 수요처를 찾아야 하는 입장에 처했습니다. 그때 여러 유통사들과 상담을 했지만, 또다시 발목을 잡은 것은 가격이었습니다. 저는 김밥 한 줄에 2,000원 정도에 납품을 하면 충분하지 않겠냐는 생각을 했지만, 그들의 생각은 전혀 달랐습니다.

"그냥 김밥도 아니고 얼린 김밥인데 2,000원이 무슨 소리입니까? 편의점의 냉장 김밥 공장 출고가 1,300원 정도 됩니다. 냉동이면 1,000원 정도에 해야죠."

그 말을 듣고 '사람의 생각이 달라도 이렇게 다를 수가 있구나'라고 생각했습니다. 냉동 김밥을 위해 특별한 기술을 개발했고, 또 다소 비싸더라도 국내산 지역 농산물을 썼었지만 그들에게 그건 아무런 중요한 점도 아니었습니다. 그냥 일반 김밥보다 못한 냉동식품에 불과했습니다. 많은 유통사 관계자들을 만나도 결국 이 벽을 깨기가 무척 힘들었습니다. 그때 저는 깨달았습니다.

'도저히 국내 시장을 겨냥해서는 이 냉동 김밥의 유통처를 찾을 수가 없구나!'

결국 저는 완전히 사고의 방향을 달리했습니다. 애초에 해외 시장을 겨냥해서 만든 것이니, 아예 제 힘으로 해외 시장을 개척할 필요성이 있다고 느꼈습니다. 그렇게 해서 다시 연락했던 사람이 바로 과거 대롱 치즈 스틱을 홍콩에 수출했던 바이어였습니다. 그는 당시 홍콩에 있었기에 제가 직접 찾아가서 제품도 설명하고 직접 맛도 보여주고 싶었습니다. 하지만 이번에는 코로나19가 발목을 잡았습니다. 김밥 샘플을 그냥 DHL국제배송으로 보내라는 이야기였습니다. 보냈더니 결국 제품이 다 녹아 정상적인 제품평가가 되지 않았습니다. 그래도 저는 계속해서 해외 바이어들을 만났습니다. 아직 전혀 수출을 못 해본 상태였지만, 수출이 아니면 전혀 답이 없는 상태였기 때문에 무작정 만나고 상담하고 개척하는 수밖에 없었습니다.

그 과정에서 제가 전혀 몰랐던 현지의 사정도 알게 됐습니다. 한 미국 바이어를 만났을 때였습니다. 저는 자신 있게 저의 제품을 소개하며 이렇게 말했습니다.

"제가 불고기 맛 김밥, 약간 매콤한 제육 김밥, 그리고 남녀노소 누구나 먹을 수 있는 계란 김밥까지 준비했습니다."

그러자 그는 대뜸 저에게 물어보았습니다.

"혹시 미국에 수출은 해보셨어요?"

뜬금없이 왜 수출을 해봤냐고 묻느냐는 생각이 들었지만 다 이유가 있었습니다. 미국에는 육류와 유제품, 계란은 통관이 어렵다고 했습니다. 일본 바이어를 만났을 때에도 제품을 설명하고 나면 비슷한 질문이 왔습니다.

“일본에 수출은 해보셨어요?”

이런 질문들은 그들의 눈에 제가 정말로 수출 초보자로 보였기 때문입니다. 그 내용을 들어보니 일본은 쌀 가공품 관세율이 700%라는 것입니다. 그러니 쌀을 주요 재료로 하는 제품은 수출할 생각도 하지 말라는 이야기였습니다.

두 바이어를 상담하고 나서 저의 생각은 ‘하, 정말 미치겠다’였습니다. 미국 수출은 고기와 계란으로 막히고, 일본 수출은 쌀 때문에 막힌다니. 이도 저도 할 수 없는 늪에 빠진 느낌이라고나 할까요? 그런데 중요한 점은 바로 이러한 진퇴양난의 순간에서 ‘신의 한 수’가 탄생했다는 것입니다. 오도 가도 못하는 막막함을 타개하려는 과정에서 전 세계 수출과 마켓컬리 입점을 위한 발판이 마련되었기 때문입니다.

신의 한 수를 찾아낸 수출의 과정

수출할 때 가장 중요한 것은 원재료의 함량 비율입니다. 예를 들어 쌀과 계란으로 만든 김밥이 있다고 해봅시다. 여기에서 쌀의 함량이 높으면 ‘쌀 가공품’이 되고, 계란의 함량이 높으면 ‘계란 가공품’으로 분류됩니다. 일본의 쌀 가공품 관세를 넘어설 수 있는 방법이 여기에 있었습니다. 쌀의 분량을 줄이고 계란의 분량을 늘리는 방법입니다. 고기 역시 마찬가지입니다. 고기를 빼고 식물성 재료 함량을 높이게 되면 마찬가지로 미국 수출의 장벽을 뛰어넘을 수 있게 됩니다. 그래서 제품을 다시 만들기 시작했습니다. 쌀의 함량을 줄이고, 고기를 빼고, 채소를 듬뿍 넣은 채소 김밥을 만들었습니다. 한국인에게 채소 김밥은 그저 여러 김밥 종류 중의 하나에 불과하겠지만, 외국인들에게는 전혀 다르게 다가갑니다. 고기가 없고 채소가 듬뿍 들어간 몸에 좋은 '비건vegan 김밥'이 되는 것 아니겠습니까? 더구나 외국인들 중에는 고기를 먹지 않는 사람들이 적지 않기 때문에 그들을 위한 안성맞춤 김밥입니다.

또 하나 중요한 것은 쌀을 얼렸다가 다시 해동한 후 먹게 되면 일반 전분이 저항성 전분으로 바뀌면서 칼로리가 현저하게 낮아지고 당의 흡수 속도를 늦춰 인슐린 스파이크를 방지하게 된다는 점입니다. 실제 제가 테스트해 본 결과 220g 기준의 김밥 한 줄은 약 500kcal입니다. 하지만 냉동 김밥은 200~300kcal입니다. 정말로 놀랍고도 혁신적인 결과가 아닐 수 없습니다. 따라서 이러한 비건 김밥에 칼로리까지 낮춰 최적의 다이어트 제품, 건강 기능식이 되어버리는 것입니다.

물론 제가 의도적으로 만든 것은 아니었지만, 이러한 제품의 변신은 저 자신도 놀랄 수밖에 없는 결과였습니다. 이때부터 또 다른 제품으로의 진화는 일도 아니었습니다. 닭가슴살 등 단백질 함량이 높은 재료를 넣으면 '단백질 김밥'이 되고, 식이섬유 재료의 함량 비를 높이면 '식이섬유 김밥'이 되는 것입니다. 현재 복만사의 기능성 김밥 종류가 무려 200여 가지나 되어 누구든 자신의 취향에 맞게, 그리고 건강하게 먹을 수 있는 이유는 바로 여기에 있습니다. 결국 미시감과 기시감이 만든 또 하나의 마야의 법칙이 적용된 제품이 되었습니다.

도전을 견디는 강한 심장

'다이어트 비건 김밥'이라는 창조적인 냉동 간편식의 탄생은 분명 우연이라고 할 수 있습니다. 어떻게 보면 소가 뒷걸음치다가 쥐를 잡은 격이라고 볼 수 있습니다. 하지만 그것이 아무런 원인도 없는 우연은 아닙니다. 제가 그때까지 해왔던 끊임없는 도전의 결과라고 생각합니다. 저는 사업을 하면서부터 계속해서 뭔가 새로운 제품을 만들어야 한다고 여겨왔습니다. 다른 제품과는 차별화되고, 그리고 익숙하면서도 뭔가 새로운 것을 만들어내는 것이 제가 가야 할 길이라고 생각했습니다. 그러면서 '창조적인 마인드'를 갖추기 위해서는 어떻게 해야 하는지도 많은 생각을 했습니다. 물론 처음에 저 스스로에게 "어떻게 보통 사람들과는 다른 창조적인 마인드를 가질 수 있을까?"라고 질문했을 때 쉽게 답할 수 없었습니다. 하지만 '다이어트 비건 김밥'을 만드는 과정을 거치면서 이제는 저 나름대로의 답을 할 수 있다고 생각합니다.

우선 기본적으로는 다양한 책을 읽고 여러 전문가들을 만나야 하고, 세상을 읽을 수 있는 안목을 가져야 합니다. 또한 꿈을 가지고 열의가 가득한 눈빛도 필요합니다. 하지만 이 모든 것들이 결실을 맺기 위해서는 원하는 것을 선명하고 명확하게 마음속에서 설정하고, 반드시 그것을 얻겠다는 굳은 의지와 신념을 가져야 한다고 봅니다. 이러한 숱한 도전 속에서 결국에는 창조적인 마인드가 생기고, 그에 따라 창조적인 제품이 탄생하는 것입니다.

'다이어트 비건 김밥'의 탄생도 결국 이러한 과정을 거쳤습니다. 우리 농산물을 사용하는 김밥을 만들겠다는 선명한 의지, 해외 수출을 위해 냉동 김밥으로 만들겠다는 열의, 그리고 그것을 이뤄내기 위해 많은 좌절과 장애물을 만나도 도전을 멈추지 않는 강한 심장이 있었고, 그것이 결국 창조적인 마인드로 발현되었습니다. 어쩌면 과거에 제가 했던 많은 실패를 통해 이렇게 도전을 멈추지 않는 강한 심장을 만들어왔던 것은 아닌가 생각해 봅니다. 매 순간 좌절을 만날 때마다 정말 당황스럽고 죽을 만큼 힘들었지만, 결국 그것은 나를 죽이는 고통이 아니라 나를 살리는 고통이라는 점을 새삼 깨닫곤 합니다.

장사와 사업의 차이

아마도 20대 후반 정도였을까요? 저는 지인들과 '장사꾼과 사업가의 차이'에 대한 논쟁을 가끔씩 하곤 했습니다. 어떤 사람은 "우리는 장사하는 사람이다"라고 말했고, 또 다른 사람은 "우리는 사업하는 사람이다"라고 주장하기도 했습니다. 저도 장사라는 말보다는 사업이라는 말이 좀 더 멋있게 보이고 뭔가 포부도 큰 것 같아서, 사업가로 성장하고 싶다는 생각이 강했습니다. 하지만 그때까지만 해도 사업과 장사의 차이를 확실하게는 몰랐던 것 같습니다. 그런데 냉동 김밥을 어느 정도 성공시키고 난 이후에는 이제 그 차이를 분명하게 알 것 같습니다. 핵심은 바로 '창조적인 마인드로 세상을 바꿀 수 있느냐 없느냐'입니다.

일단 기본적으로 무엇인가를 팔아서 돈을 버는 것은 장사나 사업이나 차이가 없습니다. 하지만 우선 파이에서 차이가 납니다. 장사는 그 파이가 작아서 가족들이 먹고살거나 혹은 한 지역을 넘어서기는 힘듭니다. 하지만 사업은 그 파이가 훨씬 커집니다. 가족들이 먹고사는 것을 넘어 함께 일하는 직원들의 가족까지 먹고살 수 있으며, 심지어 다른 국가에도 공장을 지어 외국인까지 고용할 수도 있습니다. 따라서 한 지역이나 국가에 얽매이지 않는 것이 바로 사업입니다.

이러한 파이의 차이보다 더 중요한 부분이 있습니다. 바로 장사는 사람들이 원하는 것만 주면 됩니다. 즉, 니즈를 맞춰 주기만 하면 된다는 점입니다. 빵을 달라고 하면 빵을 주면 되고, 우유를 달라고 하면 우유를 주면 됩니다. 반면 사업은 소비자들이 한 번도 달라고 했던 적이 없는 제품을 만들어 세상에 선보이고, 고객이 그것에 열광하게 만듭니다. 한마디로 사업은 세상을 바꾸는 작업이라는 이야기입니다.

가장 대표적인 것이 바로 애플의 창업주 스티브 잡스가 만든 스마트폰입니다. 그때까지만 해도 그 어떤 소비자도 잡스에게 "스마트폰이라는 것을 만들어 우리에게 파세요"라고 하지 않았습니다. 그는 혼자서의 창조적인 상상력으로 세상에 없는 스마트폰을 만들었고, 이를 통해 사람들을 열광하게 만들면서 세상을 변화시켰습니다.

물론 저의 냉동 김밥을 스마트폰에 비할 바는 아니지만, 세상에 없는 제품을 만들고, 그것으로 많은 사람들의 김밥 소비 방법을 바꾸고, 또 김밥에 대한 인식을 바꾼 것은 분명 장사가 아닌 사업의 영역에 속하며, 또한 세상을 바꾸는 일인 것만큼은 틀림없다고 봅니다. 결국 저는 냉동 김

밥을 통해 과거의 장사에서 벗어나 진정한 사업가의 길로 들어섰다고

생각합니다.

밥을 통해 과거의 장사에서 벗어나 진정한 사업가의 길로 들어섰다고

찻잔 속의 태풍이 될 것인가?
진짜 행운의 태풍이 될 것인가?

그때부터 온갖 유통사에서 연락이 오기 시작했고,
발주가 쏟아지기 시작했습니다. 그렇게 해서 이제 복만사는
간편식 다이어트 냉동 김밥을 최초로 개발한 회사에 이어
대한민국 음식문화를 파는 기업이 되어 질주하기 시작했습니다.

2020년 7월 20일은 아직도 잊을 수 없는 날짜입니다. 홍콩 바이어에게 샘플 제품을 보낸 후 일이 순조롭게 진행되어 처음으로 홍콩 수출을 하던 날이었기 때문입니다. 윤상기 하동군수님을 비롯해 관계자들이 모두 저희 회사 앞마당에 모여 2톤 분량의 냉동 김밥 선적식에 참여해 사진도 함께 찍었습니다. 수출액은 2만 달러였으며, 당시 환율로 하면 약 2천4백만 원어치였습니다. 수입업체 맥선그룹은 복만사의 냉동 김밥이 슈퍼마켓 체인인 파킨샵PARKnSHOP에 유통된다고 했습니다. 이 체인은 홍콩과 마카오 일대에 무려 290여 개의 매장을 가지고 있었습니다.

그런데 사실 저에게는 수출 자체보다 더 의미 있는 일이 있었습니다. 바로 해외 수출 김밥에 'KimBap'이라는 영문 명칭을 썼다는 점입니다. 여기에는 '한국 음식을 전 세계에 전파하자'는 복만사의 가치가 고스란히 담겨 있고, 또한 제가 한국인으로서의 차부심도 지켰다는 나름의 자랑스러운 마음도 있습니다. 당시까지만 해도 일본 업체에서 만든 김밥은 '코리안 스시'라는 이름으로 유통되고 있었습니다. 사실 우리 개념에서 보면 김밥을 '코리안 스시'라고 부르는 것은 말도 안 되는 일입니다. 스시란 엄연히 밥에 생선회를 올린 음식인데, 김밥은 그것과는 전혀 다른 음식이기 때문입니다. 하지만 외국 소비자의 입장에서는 크게 상관없는 일이기도 했습니다. 그것이 스시로 불리든, 김밥으로 불리든 일단 이색적인 제품인데다가 앞에 '코리안'이 붙어 있으니 '아, 한국 음식이구나~'라고 생각하고 맛있게 먹으면 그만입니다. 이 말은 곧 저 역시 그러한 인식에 얼마든지 올라타 좀 더 손쉽게 팔려는 유혹을 느낄 수도 있다는 의미입니다. 기왕에 '코리안 스시'라는 말이 이미 업계에서 자리 잡았고 소비자들도 딱히 문제없이 인식하고 구매한다면, 복만사 제품에도 '코리안 스시'를 인쇄해 넣으면 훨씬 잘 팔릴 것이라는 생각을 하기도 했습니다.

하지만 저는 도저히 그렇게는 못할 것 같았습니다. 단순히 일본에 대한 경쟁의식 때문만은 아니었습니다. 한국인이 한국 음식을 한국 이름으로 부르지 않고 다른 이름으로 부른다는 것은 도저히 한국인의 자존심으로는 허락되지 않는 일이었기 때문입니다. 그래서 저는 끝까지 KimBap을 고집했습니다. 물론 표준어 사전으로는 GimBap이 맞는 말이기는 하지만, 'K'라는 알파벳은 전 세계에서 한국을 상징하는 것 아니겠습니까? 그래서 저는 굳이 GimBap이라고 적지 않고 KimBap으로 했습니다. 결국 오늘날 전 세계에 KimBap이라는 단어가 많이 쓰이는 이유는 바로 저의 고집 때문이기도 합니다.

홍콩으로 첫 수출을 하던 그날 저녁, 저의 일기에 이렇게 적었습니다.

애들아. 오늘 아빠 공장에서 만들어진 냉동 김밥을 홍콩으로 수출했어.

국내 최초로 김밥을 수출한 거야.

한국 대표 간편음식 김밥을 해외로 내보낸다는 거, 의미가 있는 일이지.

그래서 뉴스에도 보도되고 소문이 많이 났어.

아빠 참 잘했지. 그래, 뿌듯해.

이런 일들을 하나씩 해내는 것을 성공이라고 해.

차라리 회사가 홍수에 잠겼으면…

비록 홍콩에 첫 수출을 하면서 뿌듯한 성과를 올리고 저 스스로를 칭찬해주기는 했지만, 아직 국내에서의 시장 개척은 힘들기만 했습니다. 저 스스로는 자부심을 가질 수 있는 세계 최초의 다이어트 비건 김밥을 만들기는 했지만, 뭔가 한없이 고요한 시간들이었다고나 할까요? 그사이에 의욕적으로 펼쳤던 고속도로 휴게소에 냉동 김밥 공급도 홍콩 수출 건만 가지고 공장 가동률을 채울 수 없었습니다. 더 이상 시장 개척이 힘드니 어쩌면 이제까지 제가 해왔던 많은 것들이 그저 '찻잔 속의 태풍'이 아닐까라는 생각도 해보았습니다. 혹시 이대로 사그라드는 건 아닐까라는 생각이 자주 들곤 했습니다. 그런데 조금 시간이 지나자 찻잔 속의 태풍이 아니라, 정말로 커다란 행운의 태풍이 오고 있다는 사실을 직감하게 됐습니다.

다만 뭔가 좋은 일이 오기 전에는 시련이 반드시 한 번은 오게 마련인가 봅니다. 2021년 하동에 비가 엄청나게 내리면서 회사가 물에 잠기는 일이 발생했기 때문입니다. 처음에는 아예 회사에 갈 수가 없었습니다. 가는 길이 모두 물로 완전히 잠겨 있었기 때문입니다. 엎친 데 덮친 격이라는 말은 바로 이런 때 사용하는 말인가 봅니다. 그렇지 않아도 사업이 불투명한 상태에서 공장까지 물에 잠기다니. 그런데 그때 살짝 이런 생각도 들었습니다.

'차라리 잘됐다. 홍수가 나서 사업이 망했다고 하면 핑계라도 될 수 있지 않을까?'

순간적으로 차라리 살짝 즐겁기까지 했습니다. 내 안에 포기할 용기조차 없어 외부의 힘으로 포기 '당하고' 싶다는 비겁한 마음이 스며들었습니다. 더구나 남들 보기에도 그리 나쁘지 않은 것 같지 않았고, 저 자신에게도 할 말이 있습니다. '내가 포기하는 건 내 탓이 아니야. 홍수 때문이지'라고 말할 수 있었기 때문입니다.

고요한 시기에 걸려온 한 통의 전화

고요했던 시간들이 가고 있을 때 한 통의 전화가 울렸습니다.

"안녕하세요. 저는 쿠팡과 마켓컬리에 유통을 하는 중간 벤더인데요. 예전에 고속도로 휴게소를 들렀을 때 냉동 김밥을 봤습니다. 그래서 혹시 제품의 유통 권한을 저에게 주시면 제가 쿠팡과 마켓컬리에 입점하도록 할까 하는데요…."

무척이나 반가웠습니다. 회사의 존망이 걸려 있는 상태에서 온라인 유통을 먼저 제안해주었기 때문입니다. 하지만 한편으로는 좀 꺼림칙하기도 했습니다. 그 사람에게 유통 권한을 넘기면 수수료를 주어야 하는데, 그게 15% 정도였습니다. 과거 고속도로 휴게소 공급 시절 박리다매를 하다가 몸만 고생하고 돈은 되지 않았던 기억이 떠오르면서 어떻게 해야 할지 고민에 고민을 거듭하고 있었습니다.

거기다가 저 역시 이미 마켓컬리에는 입점 제안을 해놓은 상태였습니다. 하지만 누군가를 통해서 한 것은 아니고, 그저 홈페이지 내에 있는 '입점 제안'을 통해 이메일을 보낸 것뿐입니다. 그런데 한참 동안 연락은 없었고, 저는 속으로 '연락도 안 할 거 입점 제안 메뉴는 왜 만드는 거야!'라고 불평하고 있었을 때입니다.

그렇게 유통업자의 제안을 받아들일까 말까에 대해 2~3일 정도 고민하고 있었을 때였습니다. 때마침 마켓컬리 담당자로부터 이메일이 한 통 온 것입니다. 내용을 열어봤더니 "냉동 김밥에 관심이 있으니 미팅을 해보자"는 내용이었습니다.

저는 속으로 쾌재를 부르지 않을 수 없었습니다. 정말이지 다시 한번 하늘에서 저에게 동아줄을 내려준 느낌이라고 할까요? 당시 마켓컬리

는 소비자들로부터 선풍적인 인기를 끌었고, 제품을 유통하는 사람이라
면 누구나 입점하고 싶은 곳이었기 때문입니다. 거기다가 만약 다이렉
트로 거래를 하게 되면 유통업자에게 떼어 주어야 할 15%도 지킬 수 있
으니 정말이지 다행이 아닐 수 없었습니다.

너무도 쿨했던 담당 MD

저는 당장 다음 날 약속을 잡고 서울로 향했습니다. 그렇게 몇 번의
대화와 피드백을 통해 '다이어트 비건 김밥'의 입점이 결정됐습니다. 담
당 MD는 한 가지 조건을 달았습니다.

"냉동 김밥 '11시45분'은 저희에게만 공급해주시는 걸로 해주세요. 그
러면 광고는 저희가 확실하게 해드리겠습니다!"

내심 그 말이 얼마나 반가웠는지. 사실 다른 곳에 공급할 곳도 없었거
니와 광고를 확실하게 해준다는 말이 반신반의할 정도로 고마웠습니다.
그런데 더 다행스러운 일이 있었습니다. 마켓컬리 담당자가 무척이
나 쿨한 분이었다는 점입니다. 결국 모든 유통에 있어서 마지막 장애물
은 가격입니다. 유통사는 소비자의 구매 허들을 낮추기 위해 최대한 저

렴하게 공급받으면서도 자신의 마진율을 높이고자 합니다. 반대로 저와 같은 제조업자들은 제조 원가와 마진을 최대한 높이려고 합니다. 어떻게 보면 너무나 당연한 일이기도 합니다. 그래서 막판의 협상은 늘 그렇게 긴장감이 감돌고 서로 눈치 싸움을 하곤 합니다. 그런데 이상하게도 담당 MD는 가격 얘기를 전혀 꺼내지 않는 것이 아닙니까? 처음에는 저도 먼저 이야기를 꺼내기가 그래서 말을 하길 기다렸지만, 도통 그럴 기미가 보이지 않았습니다. 할 수 없이 제가 먼저 이야기를 꺼내 보았습니다.

"MD님, 그런데 이거 가격은 얼마로 해야 하나요?"

그런데 되돌아온 답이 의외였습니다.

"주시고 싶은 대로 주세요. 저희는 그 가격에 40%의 마진을 붙이거든요."

어떻게 보면 쿨했습니다. 가격을 낮추라 말라, 가격 때문에 팔린다 안 팔린다는 말 없이 그냥 알아서 달라? 나중에 생각해 보니 마켓컬리는 그만큼 판매에 대한 자신감이 있었던 것으로 보입니다. 하지만 그렇다고 해서 제가 가격을 너무 올리면 이 역시 소비자에게 부담이 되어 많이 안

214

팔릴 수도 있다는 생각이 들었습니다. 그렇게 해서 최종 결정된 가격은 4,300원이었습니다. 마켓컬리의 마진을 빼면 냉동 김밥의 한 줄 공장 출고가격은 2,580원이었습니다. 그때 저는 이번 마켓컬리의 입점이 성공해서 과거 '편의점 냉장김밥은 1,300원에 유통되니 냉동 김밥은 1,000원에 출고되어야 한다'는 어느 유통사분의 판단이 틀렸기를 기대했습니다.

드디어 선두 주자가 된 복만사

며칠 후 드디어 마켓컬리에 제품이 내걸리고 본격적인 론칭이 시작되었습니다. 그런 후 하루 이틀 정도가 지났을까요? 소비자의 반응이 궁금해서 마켓컬리 웹사이트에 들어가 보았습니다. 그런데 그때 벌써 후기와 댓글이 50여 개 정도가 달렸습니다. 꽤나 많이 달린 것 같아서 저는 이런 생각이 들었습니다.

"마켓컬리 같은 회사에서도 사람들을 동원해서 일부러 댓글 작업 같은 걸 하는구나…"

말 그대로 저는 회사에서 인위적으로 댓글을 달게 하는 것으로 알았습니다. 그런데 웬걸. 이게 실제 소비자들의 생생한 후기였습니다.

"와, 비건 제품인데 너무 맛있습니다!"
"전자레인지 3분이라니, 간편해서 너무 좋습니다!"

심지어 언박싱을 하는 영상을 올리는 사람들도 생겼습니다. 하루하루 지나면서 댓글과 후기가 폭발적으로 늘어나 최대치인 '9999+'까지 될 정도였고, 주문량은 감당하기 힘들 정도로 쏟아져 들어왔습니다. 즐거운 비명을 지르지 않을 수 없었습니다. 정말이지 홍수가 났을 때 공장이 완전히 잠겼다면 크게 후회할 일이었습니다. 마켓컬리에서의 대박은 정말 오랜만에 다시 느낀 승리의 쾌감이었습니다.

그때부터 온갖 마켓컬리 경쟁사 등 다양한 유통사에서 연락이 오기 시작했고, 발주가 쏟아지기 시작했습니다. 그렇게 해서 이제 복만사는 간편식 다이어트 냉동 김밥을 최초로 개발한 회사에 이어 대한민국 김밥의 트렌드를 이끄는 기업이 되어 질주하기 시작했습니다.

뿌리까지 흔들려봐야
그 뿌리가 단단히 여문다

그때부터 냉동 김밥은 전 세계로 나갈 수 있었습니다.

미국, 캐나다, 프랑스, 독일, 일본, 중국, 대만, 베트남, 인도네시아 …

무려 20여 개국에 수출되면서 복만사의 KimBap은

한국 김밥의 위상을 세계적으로 떨치기 시작했습니다.

그리고 대기업, 중견 기업 등 여러 기업에서 협업을 제안하기 시작했습니다.

마켓컬리에서의 대박에 이어 행운의 태풍은 한 차례 더 불어왔습니다. 바로 일산 킨텍스에서 개최된 서울국제식품박람회SEOUL FOOD 2021에 참여하면서 해외 수출의 날개를 달게 된 일이었습니다. 그때 저의 느낌은 '아, 이제 드디어 해외 시장의 문까지 열리기 시작하는구나!'였습니다. 그간의 답답하고 힘들었던 모든 마음의 짐과 무게가 한꺼번에 날아갔고, 저의 선택을 끝까지 부여잡고 온 것에 대한 크나큰 보상이기도 했습니다.

그때는 2021년 7월이었습니다. 팬데믹 사태 최대단계 4단계 격상 상

태였습니다. 대한민국 정부도 6월부터는 야외에서는 마스크를 벗게 해
주는 조치를 취한다고 해서 박람회가 잘 개최될 것이라 기대했었는데, 7
월에 4단계 격상이라니… 하늘도 무심하시다 싶었습니다.

원래 국제식품박람회는 매년 열리는 행사였지만, 팬데믹 기간에는
당연히 열리지 않았습니다. 하지만 당시의 분위기에서 결국 행사가 열
리기로 결정됐습니다. 저는 처음에 행사에 참여할지를 많이 고민했습
니다. 팬데믹 발생이 후 최대 단계라 사람들이 많이 모이지 않으면 행사
참여의 의미가 없어지는 것은 물론이고, 혹시나 제가 코로나에 걸리게
되면 회사를 일정 기간 폐쇄해야 했기 때문입니다. 게다가 하동에는 당
시 코로나 확진자가 그리 많지 않았기 때문에 만약 제가 걸려서 하동으
로 내려오면 지역 사회에 큰 폐를 끼치는 것이나 마찬가지였습니다. 이
러저러한 고민이 많았지만, 결국에는 참여하기로 했습니다. 그래도 실
낱같은 기회가 있으면 붙잡아야 한다고 생각했고, 만약 코로나에 걸리
면 하동으로 내려오지 않기로 결심하고 올라갔습니다.

드디어 세계에 알리게 된 복만사의 Kimbap

정말로 예상대로 행사장에는 사람들이 많지 않았습니다. 게다가 부

스도 군데군데 비어 있을 정도였습니다. 저는 기왕 참여한 것, 최대한 어필해보자는 심정으로 현수막도 크게 걸고 눈에 띄는 노란색 패널을 설치했습니다. 그런데 차라리 사람이 별로 없는 행사가 오히려 더 좋은 기회였습니다. 일단 부스가 많지 않은 상태여서 냉동 김밥 부스가 눈에 띌 수 있었고, 당시 행사장을 찾은 사람들은 사원급들이 아닌 대표자나 결정권자를 가진 사람들이 대부분이었습니다. 아마도 행사 참여 인원을 최소화하려다 보니 차라리 결정권을 가진 사람이 가는 게 낫겠다는 판단이었던 것 같습니다. 물론 당시에는 사람들이 모여 있는 곳에서는 음식을 먹는 것도 금지되어 있었기 때문에 저에게는 매우 불리한 입장이었습니다. 그런데 저에게는 너무도 큰 무기가 있었습니다. 바로 마켓컬리 입점과 9999개가 넘는 엄청난 양의 댓글과 후기였습니다. 일단 그것에서부터 바이어들에게 매우 큰 신뢰를 보였습니다.

마켓컬리에서의 대박이 준 또 하나의 장점은 이제 더 이상 사람들이 가격 가지고 왈가왈부할 수 없게 만들어버린 점입니다. 이미 4,300원으로 확정되어 선풍적인 인기를 끌었으니 "조금 더 저렴하게 구매할 수 있게 해달라"와 같은 말들은 할 수조차 없습니다. 한마디로 가격에 관해서는 마켓컬리가 '대못'을 박아버린 셈이었습니다. 예전 같으면 "이제 얼마예요?", "냉동인데 왜이렇게 비싸요?"라는 말이 먼저 나왔겠지만, 그런 말은 쑥 들어가고 말았습니다.

결국 그때부터 냉동 김밥은 전 세계로 나갈 수 있었습니다. 미국, 캐나다, 프랑스, 독일, 일본 등 전 세계에서 10여개국 정도에 수출되면서 복만사의 KimBap은 한국 김밥의 위상을 세계적으로 떨치기 시작했습니다. 그리고 회사의 매출액은 더 가파르게 상승하기 시작했습니다. 그리고 대기업, 중견기업 등 여러 기업에서 협업을 제안하기 시작했습니다.

지난 10년, 혹은 미래의 10년에 생길 일

복만사가 수출에 날개를 달고 본격적인 성공 궤도를 달리기 시작할 때 저는 40대 초반의 나이였습니다. 저는 가끔 10년 전과 10년 후의 저를 비교해보곤 합니다. 그때에도 저는 30대 초반의 저와 비교하며 이렇게 일기를 적었습니다.

10년 전 나의 나이는 32살.

10년 전 나의 회사 연 매출은 2천만 원.

10년 전 나의 인맥은 친구와 형, 후배.

10년 전 나의 영업망은 없음.

10년 전 나의 회사는 30평 공장 임대.

10년 전 힘들면 찾았던 담배와 술.

어떤 일을 할 때 10년은 늘 나의 목표 기간이다. 그리고 목표 달성을 꿈꾼다.

그렇게 10년 후.

현재 나의 나이는 42살.

현재 나의 회사 매출은 70억 원.

현재 나의 인맥은 식품 기업의 대표들과 농림부 직원 등.

현재 나의 영업망은 전 세계.

현재 나의 공장은 1공장과 2공장의 무한 확장 중.

현재 내가 좋아하는 것은 독서와 운동.

나는 이렇게 10년 동안 변했고, 다음 10년을 꿈꾼다.

현재의 매출과 인맥, 영업망, 공장, 나의 마인드를 가지고 계속 도전한다면

다음 10년 후 내 모습은 어떻게 변해 있을까?

물론 10년 후의 내 모습에 대한 목표는 있을지언정, 실제 어떤 모습이 될지는 모릅니다. 그러나 한 가지 확실한 것은 있다고 봅니다. 과거의

10년 동안 벌어진 일을 살펴보면, 앞으로의 10년 사이에도 비슷한 일이 벌어질 것이라는 사실입니다. 저는 그동안 제가 강한 단련을 겪었기 때문이라고 생각합니다. 제가 힘들 때면 늘 되새겨보는 맹자의 말씀이 있습니다.

"하늘이 장차 어떤 이에게 큰일을 맡기려 할 때는 반드시 먼저 그 마음을 수고롭게 하고, 그 근육과 뼈를 지치게 하며, 육체를 굶주리게 하고, 생활을 곤궁하게 해서 행하는 일이 뜻대로 되지 않도록 가로막는데, 이것은 그의 마음을 움직여 그 성질을 단련시키며, 예전에는 도저히 할 수 없었던 일을 더 잘하도록 하기 위함이다. 사람은 언제나 잘못을 저지른 뒤에야 바로잡을 수 있고, 곤란을 당하고 뜻대로 잘 되지 않은 다음에야 분발하게 되며, 잘못된 신호가 나타난 뒤에야 비로소 깨닫게 된다."

저는 무엇이든지 뿌리까지 흔들려 봐야 세상을 알 수 있다고 생각합니다. 그리고 그 뿌리가 흔들리는 단련의 과정을 거친 후에야 비로소 더 여물어질 수 있다고 생각합니다.

과거를 되돌아보면 정말 그랬습니다. 죽 전문점 반기다에서 실패하고, 이유식 사업에서 손을 떼고, 대롱 치즈 스틱의 매출이 결국 70~80%까지 떨어진 일, 많은 사람들이 냉동 김밥 사업은 되지 않을 것이라고 여겼던 시절들이 있었습니다. 게다가 코로나19가 터지고, 하동에서의 홍수로 공장이 잠겼던 일까지. 하나같이 수고롭고, 지치고, 굶주리고 곤궁했던 시절들이었습니다. 하지만 그 모든 흔들림과 견딤은 결국 오늘의 저를 있게 해주었다고 생각합니다.

미국과 한국을 뒤흔든
냉동 김밥 챌린지

경쟁사가 속속 생기는 과정에서 한 가지 분명히 깨달은 점이 있습니다.
아무리 경쟁사가 많이 생긴다고 하더라도 결국 세상은
'원조'를 알아봐준다는 사실입니다. 최초로 개발한 곳,
아무도 가지 않았던 길을 처음으로 걸어간 기업에 대한 인정은
시간이 지나도 사라지지 않았습니다.

복만사의 성공이 서서히 알려지기 시작하자 이른바 '경쟁사'가 생겼습니다. 제가 개척해 놓은 냉동 김밥 시장에 도전장을 내미는 회사들이 등장했던 것입니다. 처음에는 솔직히 긴장도 됐지만, 곰곰이 생각해 보면 자본주의 사회에서 경쟁사가 생기는 일은 너무도 자연스러운 일이며, 오히려 시장이 성장했다는 신호이기도 합니다. '될 만한 시장'이 형성되었으니 경쟁사도 생기는 것 아니겠습니까? 그뿐만 아니라 저 역시 과거 수많은 경쟁사들을 벤치마킹하고, 그들을 이기기 위해 고민하고 노력하면서 조금씩 성공에 다가왔습니다. 남의 강점을 배우고, 부족한 부분을 보완하며 여기까지 온 것입니다. 그런 점에서 저를 목표로 삼고

도전하는 기업들이 생겼다는 사실은 부정적으로만 볼 일은 아니었습니다. 누군가가 나를 넘어보겠다고 달려온다는 것은, 그만큼 제가 만들었던 이제까지의 성과들이 업계의 기준이 되었다는 의미이기도 하기 때문입니다. 뿐만 아니라 저를 이기기 위한 사람들이 생겼다는 것은 오히려 저에게도 자극이 되었습니다. 그들에게 뒤처지지 않기 위해, 더 높은 수준의 품질을 달성하기 위해, 그리고 소비자에게 합리적인 가격으로 제품을 제공하기 위해 스스로의 경쟁력을 높여야 하기 때문입니다. 경쟁은 부담이기도 하지만 동시에 저를 발전시키는 계기가 되기도 합니다.

경쟁사가 속속 생기는 과정에서 한 가지 분명히 깨달은 점이 있습니다. 아무리 경쟁사가 많이 생긴다고 하더라도 결국 세상은 '원조'를 알아봐준다는 사실입니다. 최초로 개발한 곳, 아무도 가지 않았던 길을 처음으로 걸어간 기업에 대한 인정은 시간이 지나도 사라지지 않았습니다. 사람들은 결국 돌고 돌아 '원조 냉동 김밥 회사 복만사'를 다시 찾았습니다. 특히 대기업들이 협업을 논의하면서 복만사를 많이 찾아주셨습니다. 이름만 들어도 알 수 있는 기업의 담당자들과 직접 소통하며 함께 방향을 논의하는 자리도 많아졌습니다.

이러던 중에 또 하나의 거대한 기회가 다가왔습니다. 바로 2023년 하반기 틱톡에서 '냉동 김밥 챌린지'가 시작되면서 미국 시장을 강타했던 것입니다. 미국에 살던 한 여성 인플루언서가 어머니와 함께 냉동 김밥을 먹는 모습이 엄청난 조회수를 기록했습니다. 단 3주 만에 조회수가 1,100만 회를 기록했고 댓글도 엄청나게 달렸습니다.

"꼭 먹어봐야겠다."
"오전 8시 40분에 갔는데 이미 품절."

현지 미국 언론들도 이러한 사실을 앞다투어 보도했습니다. 이 틱톡 챌린지로 인해 단 2주 만에 냉동 김밥 100만 줄이 완판 될 정도였습니다. 이 사실은 한국 언론에서도 화제가 되어 연일 뉴스에 방송되고, 또 유튜브에도 관련 영상이 봇물처럼 늘어났습니다.

그런데 당시에 방송에 등장했던 냉동 김밥은 저희 복만사의 제품이 아니었습니다. 경쟁 업체인 A사가 만든 냉동 김밥 PB 제품이었습니다. PB 제품이라면 유통업체가 제조업체에게 납품을 받고 자신의 브랜드로 판매하는 제품을 말합니다. 그런데 여기에 대해 의문을 품고 있는 사람들이 많습니다. 냉동 김밥의 원조는 복만사인데, 왜 정작 미국에서 히트를 친 PB 제품을 만든 회사는 후발 주자냐는 점입니다. 사실 여기에는 사연이 있습니다.

미국에 냉동 김밥을 대대적으로 판매한 대형마켓은 ○○사였습니다. 그런데 ○○사의 담당자가 처음 찾아온 회사가 바로 복만사였습니다. 그들은 PB 제품을 만들어 줄 수 있냐고 문의했고, 저는 그럴 수 있다고 말했습니다. 그런데 문제가 있었습니다. 너무 많은 물량을 한꺼번에 요구한 것입니다. 그들은 40피트(ft) 컨테이너 20대 분량을 원했습니다. 사실 이게 엄청난 양입니다. 40피트(ft) 컨테이너란 우리가 흔히 보는 12m 크기의 컨테이너입니다. 이것이 20대 분량이라면, 라면 박스로 치면 2만4천 개가 됩니다. 이걸 한꺼번에 납품해달라는 이야기인데, 당시 복만사의 시설로는 도저히 불가능했습니다. 이미 그때만 해도 여러 곳의 납품 요구가 있는 상태에서 또다시 그 정도의 납품을 상상하기 힘들었습니다. 심지어 그 정도의 물량은 저희 회사에 보관할 만한 창고 자체도 없었습니다.

그들의 이야기를 들어보니 그렇게 많은 물량을 요구한 충분한 이유가 있었습니다. ○○사의 매장은 미국 전역에 500여 개나 됩니다. 그들은 신상품을 미국의 모든 매장에 한꺼번에 깔고, 그것으로 홍보를 하는 시스템을 가지고 있었습니다. 따라서 한 번 히트를 하게 되면 미국 전역에서 동시다발적인 성공을 하게 됩니다. 무엇보다 ○○사는 핫한 신상품을 찾는 인플루언서들에게 매력적인 마트였습니다. 그러니 미국 전역에 제품을 깔 수 있는 컨테이너 20대의 납품을 요구한 것은 그들의 입장에서는 자연스러운 것이기도 했습니다. 하지만 아무리 좋은 제안이라고 하더라도 저희가 감당할 수 없는데, 어떻게 하겠습니까?

경쟁사에게 넘긴 납품

저는 경쟁사였던 A사를 찾아가 함께 협업을 하자고 제안했었습니다. 후발 주자라 저희가 힘들게 아이디어 낸 제품을 거의 모방해 만든 업체여서 불만스럽기는 했지만, 제품력만 유지된다면 저희가 만드나, A사에서 만드나 큰 상관이 없었습니다. 중요한 것은 '누가 하느냐'가 아니라 '제대로 해내느냐'라고 생각했습니다. 함께 힘을 합쳐 전 세계에 냉동 김밥을 알리는 것도 서로에게 이익이 되고, 한국 식품 산업 전체에도 의미 있는 일이라고 여겼습니다.

하지만 A사의 마인드는 저와는 조금 달랐던 모양입니다. 물론 각자의 판단과 전략이 있었을 것입니다. 결국 저는 도저히 혼자 감당하는 것은 불가능하다고 판단했고, 무리하게 붙잡고 있는 것이 능사는 아니라는 생각이 들었습니다. 그래서 ○○사의 국내 유통 담당자에게 "그냥 A사와 협상해보시면 어떻겠냐?"라며 물량을 넘겼습니다. 결국 A사에서는 흔히 말하는 '대박'이 터졌습니다. 냉동 김밥은 큰 주목을 받았고, 시장의 반응도 뜨거웠습니다. 아마도 막대한 투자를 통해 기어이 물량을 맞춘 것이라는 생각이 듭니다.

물론 가끔 지인들은 저에게 "그때 좀 무리하더라도 해보지 그랬냐?"라며 안타까움을 표현하기도 합니다. 눈앞의 기회를 스스로 발로 찼다고 생각할 수도 있기 때문입니다. 그러나 저는 그렇게 생각하지는 않습니다. 사업이라는 것은 단순히 용기와 의지만 가지고 되는 일은 아니기 때문입니다. 과거의 숱한 저의 실패 역시 너무 용기와 의지만을 앞세웠기 때문이기도 합니다.

물론 아쉬운 마음이 전혀 없다고 하면 거짓말일 것입니다. 하지만 제가 할 수 없는 것까지 무리하게 떠안았다가 오히려 품질을 지키지 못하고, 더 나아가 한국 냉동 김밥 전체의 이미지를 훼손하는 상황을 만들고 싶지 않았습니다. 오히려 A사가 그것을 감당해주었기에 결과적으로 시장이 더욱 크게 열렸고, 한국 김밥이 세계에 알려질 수 있었기에 오히려 다행이라고 생각합니다.

가격의 붕괴와
시장의 혼란

저는 그 장면을 보고서 참으로 가슴이 아팠습니다.
물론 그 김밥은 복만사의 제품은 아니었습니다.
하지만 세계 최초로 냉동 김밥을 만든 원조 기업으로서
마치 그것이 저의 잘못인 양 생각이 들었습니다.

복만사가 세계 최초의 냉동 김밥을 성공시키고 수출에 날개를 달고, 여기에 '틱톡 챌린지'까지 선풍적으로 발생하자 언론 인터뷰와 방송 출연이 끊임없이 이어졌습니다. 저는 잠시나마 제가 사업가가 아닌 방송인처럼 느껴지기도 했기 때문입니다. 사업으로 미팅을 하는 횟수보다 신문사와 방송국에 가는 일이 더 많았기 때문입니다. 무엇보다 2023년 조선일보의 보도는 정말로 큰 영향력을 미쳤습니다. 한국농식품유통공사 사장님께서 복만사 공장이 있는 하동을 방문하셨고, 농림부 장관님, 중기부 장관님도 방문하겠다며 연신 연락이 왔습니다. 하지만 저는 그 때부터 오히려 더 단호하게 결심하기 시작했습니다. 박수 받을 때일수록 더욱 겸손해야 하며, 혹시 겸손하지 않을까 싶어 또 겸손해야 한다고 말입니다. 또한 방문자들이 올 때마가 저의 모습과 인간적인 됨됨이가 곧 복만사를 대표한다는 생각에 몸가짐과 마음가짐을 더욱 바르게 하기 위해 노력했습니다.

이러한 모든 노력이 결실을 맺어던 것일까요? 2023년에는 '백만 불 수출의 탑'을, 2024년에는 '이백만 불 수출의 탑'을 수상했고, 같은 해 대한민국 최초의 '농촌 융복합 스타기업 1호'로 선정됐습니다. 여기에 선정된 기업은 여러 가지 자원에 창의적인 아이디어를 입혀 새로운 부가가치를 창출하는 농촌기업을 말합니다. 농식품부는 향후 2개월에 한 번씩 기업을 선정할 것이라고도 했습니다. 사실 이러한 결과는 저에게 무척 의미와 가치가 큰 것이었습니다. 복만사가 1호 농촌 융복합 스타 기업이 되었다는 말은, 그 이전에는 이러한 기업이 없었다는 의미가 아닐까 생각해봤습니다. 만약 그런 기업이 있었다면, 아마도 복만사가 1호 기업이 되지는 못했을 것이기 때문이다. 제가 걸어온 길, 제가 했던 선택이 정말로 창조적이었고, 의미가 있었다는 사실을 다시 한번 깨닫게 된 계기였습니다.

하청으로 만들어진 저품질 냉동 김밥

무엇보다 저의 가슴에 가장 큰 자부심이 되는 일은 복만사를 처음 세울 때의 다짐이었습니다. 우리 농산물을 사용해 전 세계에 한국 음식을 알린다는 그 가치가 제대로 이루어졌기 때문입니다. 현재 복만사의 냉동 김밥의 재료는 대부분 국내산 농산물입니다. 하동의 쌀, 완도의 김을 이용했고, 밥을 지을 때 사용하는 홍차 우린 물의 홍차도 역시 하동 제품입니다. 시금치, 양파, 당근 등의 모든 속재료도 국내의 농산물 전처리 업체와 농협을 통해서 구매한 것입니다. 이렇게 한 해 동안 사들인 지역 농산물만 무려 600여 톤이 넘습니다. '농민의 마음으로 사업을 하는 사업가'라는 저의 오래된 꿈이 드디어 이루어졌다고 볼 수도 있겠습니다. 하지만 이렇게 되기까지 저 역시 고민과 유혹이 많았습니다. 끊임없이 중국산 농산물에 대한 유혹이었습니다. 가격 차이가 많이 나기 때문에 제가 중국산 농산물을 선택하는 순간, 비교할 수 없이 많은 이익이 남습니다. 하지만 제가 그렇게 하는 순간, 제 사업의 의미와 가치가 사라진다고 생각했고, 이는 지금도 마찬가지입니다.

한편으로 냉동 김밥이 선풍적인 인기를 끌자 예상치 못한 안타까운 일이 생기기도 했습니다. 지나친 과열 경쟁으로 인해 가격이 붕괴되고 시장질서가 혼란해지는 것이었습니다. 제가 개척한 냉동 김밥의 길을 따라 많은 경쟁자가 생기는 것은 좋은 일이었지만, 문제는 계속해서 저렴한 가격의 제품만을 생산하려다 보니 제품력이 떨어지기 시작했고, 결국 해외에서도 외면을 받는 일이 생겼다는 점입니다.

우선 냉동 김밥의 수요가 폭증하다 보니 대기업들이 뛰어들기 시작했다는 것입니다. 문제는 이들 대기업이 막강한 자금력으로 품질을 더욱 끌어올릴 수 있는 방향으로 제품을 만들면 다행입니다. 하지만 이들 기업들은 제품을 납품해줄 수 있는 공장을 찾아 하청을 주게 됩니다. 하청 공장들이야 대기업에서 제품을 사주겠다고 하니 냉동 설비에 투자하면서 빠르게 제품을 만들 차비를 하죠. 하지만 한 군데에서 이런 식으로 제품을 만들지 않습니다. 여러 기업들이 참여하게 되면서 점차 제 살 깎기 경쟁이 시작되면 가격이 붕괴되기 시작합니다. 최소 2,000원 정도의 원가를 받아야 제품력이 유지되지만, 그것이 1800원, 1700원, 1600원으로 떨어지기 시작합니다. 김밥의 맛이 없어지고 해동됐을 때 김이 터지는 일이 비일비재하게 발생할 수가 있습니다.

프리미엄 원조 브랜드를 향해

거기다가 과거 대체육 콩고기 시장에 뛰어들었다가 수익이 별로 좋지 않은 기업들이 냉동 김밥 시장에 뛰어들기 시작했습니다. 대체육은 한때 엄청나게 크게 기대했었던 시장이었습니다. 하지만 마찬가지로 여기에서도 경쟁이 시작되니까 일부 기업들은 이제 수익을 내지 못하게 되는 것입니다. 문제는 이들 회사에는 대체육을 신선하게 유지하기 위한 급속 냉각기가 있다는 점입니다. 그래서 김밥 성형기를 빠르게 설치해 생산을 시작하고 시장에 공급한다면, 그동안 어려움을 겪던 사업의 돌파구가 될 수 있을 것이라고 생각했던 것 같습니다. 하지만 김밥을 대량 생산해본 경험이 없는 업체들이 서둘러서 시장에 진입하려다 보니 결국 품질에 관한 이슈가 계속해서 제기될 수밖에 없습니다. 그리고 그들끼리 가격으로 경쟁을 하니 상황은 더욱 복잡해집니다.

결국 이런 문제들이 복합되어 냉동 김밥의 품질 문제가 연예인 유튜브에서 등장하기도 했습니다. 미국으로 간 출연자들이 "최근에 유행했던 냉동 김밥 한번 먹어볼까?"라는 제안을 하게 되고, 그들은 장을 보러 가서 냉동 김밥도 함께 사와서 데워서 먹었습니다. 그런데 다수의 출연자들이 고개를 갸우뚱하면서 "그렇게 유명해질 정도의 맛은 아닌데?"라고 불만 아닌 불만을 노출했습니다.

저는 그 장면을 보고서 참으로 가슴이 아팠습니다. 물론 그 김밥은 복만사의 제품은 아니었습니다. 하지만 세계 최초로 냉동 김밥을 만든 원조 기업으로서 마치 그것이 저의 잘못인 양 생각이 들었습니다. 시장이 너무 과열되지 않았다면, 혹은 그렇게 많은 기업들이 출혈 경쟁을 하지 않았다면 냉동 김밥이 훨씬 많은 사람들에게, 오랜 기간 사랑받을 수도 있다는 생각을 했습니다.

다만 이런 일련의 경험들은 오히려 제가 복만사의 기업 가치를 더욱 단단하게 하는 계기가 되기도 했습니다. 우선 냉동 김밥에 대한 인기가 떨어지면서 이제 김밥이라면 쳐다보지도 않는 유통사가 많이 생겼지만, 오히려 복만사의 제품력을 인정해주는 유통사들도 생겼다는 것입니다. 저희가 한결같이 유지해온 품질력에 신뢰를 보내면서 다시 저희와 접촉하고 있습니다. 결국 혼탁했던 시장이 다시 정돈되면서 가장 프리미엄급 제품을 생산하는 업체로 집중된다는 이야기입니다.

제가 이 원리를 알게 된 것은 마케팅 관련 서적에서 '이원성의 법칙The Law of Duality'에 대해 공부했기 때문입니다. 간단하게 압축하자면, '장기적으로 볼 때, 모든 시장은 두 마리 말의 경주가 된다'는 것입니다. 시장이 처음 형성될 때에는 수많은 브랜드가 난립하게 되지만, 결국 시간이 흐르고 시장이 성숙해지면서 가장 강력한 상위 2개의 브랜드가 시장을 지배하게 된다는 것입니다.

우리 주변에서도 이런 일은 흔히 벌어집니다. 과거에 수많은 포털 사이트가 있었지만, 결국에는 네이버와 다음으로 줄어들었고, 지금의 인공지능의 시장 역시 많은 인공지능이 있지만 결국 챗GPT와 제미나이로 요약되고 있습니다. 통신사들도 결국 SK와 KT가 시장을 양분하고 있지 않습니까? 실제로 냉동 김밥 시장의 질서를 어지럽혔던 군소 기업들은 현재 상당수가 정리가 됐고, 이제 복만사는 이 시기에 다시 완전한 원조의 이름으로 굳혀진 프리미엄 식품 제조 기업으로 올라서는 단계에 있다고 볼 수 있습니다.

수출하면서 배운 점

냉동 김밥을 수출하는 과정에서 자주 듣는 조언이 있었습니다. "어차피 서양 소비자 입장에서는 모두 수입산이니, 굳이 비싼 한국산 원재료를 쓸 필요가 없다"는 이야기였습니다. 실제로 해외 유통업체 담당자들은 중국산 등 상대적으로 저렴한 식재료를 사용해 원가를 낮추고, 가격 경쟁력을 확보하라고 권합니다. 표면적으로는 매우 합리적인 이야기처럼 들립니다.

그러나 이 접근에는 중요한 전제가 빠져 있습니다. 해외 소비자가 진짜로 사고 싶은 상품은 '가장 싼 한국 식품'이 아니라, '한국에서 검증된 한국 식품'이라는 점입니다. 만약 제가 서양의 식품 수입업자라면, 한국에서 큰 인기를 얻고 이미 소비자 검증을 거친 제품을 선택할 것입니다. 이유는 명확합니다. 해외 시장에서 새로운 식품을 유통하는 것은 단순한 거래가 아니라 리스크 관리의 문제이기 때문입니다.

무엇보다 이미 마켓컬리 등 온라인 유통 마켓에서 베스트 상품으로 팔리던 11시45분 김밥처럼 맛·품질·재구매율이 검증되고 '한국에서 잘 팔린다'는 사실 자체가 가장 강력한 마케팅 메시지가 된다고 생각합니다. 반대로, 국내에서는 크게 주목받지 못한 채 단지 수출용으로만 제조된 저가 제품은 해외에서도 '대체 가능한 수입 식품' 중 하나로 취급될 가능성이 높습니다.

제가 수출을 하며 배웠던 점은 국내 소비자의 선택이 곧 글로벌 경쟁력이 된다는 것입니다. 그렇다면 질문은 단순해집니다. 한국 소비자들은 중국산 식재료를 사용한 김밥과 국내산 농산물로 만든 김밥 중 무엇을 선택할까요? 대부분의 한국 소비자들은 원산지와 재료의 신뢰도를 매우 중시합니다. 김밥은 특히 쌀, 채소, 김 등 원재료의 품질이 맛과 직결되는 식품이기 때문에, 국내산 식재료에 대한 선호가 더욱 뚜렷합니다. 이 선택의 결과는 분명합니다.

국내산 식재료를 사용한 김밥은 국내 시장에서 성공할 가능성을 높이고, 국내 시장에서 성공한 김밥은 소비자의 검증을 완료한 것이라고 볼 수 있습니다. 그리고 이렇게 검증된 제품은 해외 바이어가 선택할 확률 역시 증가하게 됩니다. 즉, 국내 소비자의 선택이 곧 글로벌 경쟁력의 출발점이 되는 것입니다. 따라서 저는 수출을 목표로 만들었지만, 성공의 기준은 국내 시장이었습니다.

한국 식품을 수출로 연결시키는 가장 확실한 방법은 처음부터 해외만 바라보며 단가를 낮추는 것이 아닙니다. 오히려 한국 소비자에게 먼저 선택받을 수 있는 제품을 만드는 것, 이것이 가장 빠르고 지속 가능한 수출 전략입니다. 국내에서 팔리지 않는 제품은 해외에서도 특별할 이유가 없습니다. 국내에서 사랑받는 제품이 되어야만 국경을 넘어갈 이유가 생깁니다. 수출은 전략의 출발점이 아니라, 검증의 결과입니다. 그리고 그 검증은 언제나 한국 소비자의 선택에서 시작된다는 것을 알았습니다.

귀촌 창업의 모범을
만들어나갈
복만사 2.0을 향해

복만사가 식품 업계에서 유명해진 후 여러 투자사들이 찾아오곤 했습니다. 자신들이 자금을 투자할 테니, 이제까지 김밥을 만들던 기술과 노하우로 볶음밥과 주먹밥 등 다른 식품 카테고리로 넓혀가자는 제안이었습니다.

어떻게 보면 회사를 키울 수 있는 절호의 기회일 수도 있었습니다. 단순한 협업도 아니고, 아예 막대한 자금을 투자하겠다는 것이었기 때문입니다. 과거에 제가 정부 기관의 지원금을 받으려 백방으로 뛰면서도 결국 실패했던 경험에 비하면, 갑을의 입장이 완전히 바뀐 셈입니다. 하지만 이런 좋은 기회에도 불구하고 저는 끝내 거절을 선택할 수밖에 없었습니다.

그 이유는 간단합니다. 투자를 받게 되면 투자사들은 이익을 최대화하고 싶어 할 수밖에 없고, 그러다 보면 제가 복만사를 통해 추구하려던 가치가 훼손될 수도 있기 때문입니다. 건강한 우리 농산물로 만든 음식을 전 세계인에게 맛보게 하려는 것은 제가 애초부터 추구하려던 가치였습니다.

만약 투자자들이 있다면 경영에도 관여할 수 있습니다. 예를 들어 농산물은 값싼 중국산으로, 쌀은 미국산 칼로스 쌀로 교체하라고 요구한다면 저도 무작정 거부하기도 힘든 것이 사실입니다. 만약 그렇게 된다면 제가 이강삼 대표님께 배운 사업의 가치를 버릴 수밖에 없습니다.

특히 저는 복만사가 귀촌 창업의 모범이 될 수 있기를 바라고 있습니다. 그런데 중국산 농산물과 미국산 쌀을 사용한다면, 농촌융복합 스타기업1호라고 할 수 있겠습니까? 저는 앞으로도 복만사가 얼마나 더 성장하든지 간에, 우리 농산물의 가치를 훼손하지 않고 나아가려고 합니다. 그래서 지금까지의 복만사를 뛰어넘는 '복만사 2.0'의 시대를 열어나가고자 합니다.

특히 이 새로운 복만사의 방향은 전혀 다른 기업 정체성을 향한다는 점입니다. 냉동 김밥은 시장을 개척한 출발점이자 이제까지 해왔던 성공의 상징이지만, 그것이 기업의 최종 정체성일 필요는 없다고 생각합니다. 이제 복만사는 '냉동 김밥 회사'가 아닌, '글로벌 한국식 쌀 요리 플랫폼 기업'으로 진화해야 할 시점에 있습니다. 10년 후, 복만사가 어떤 모습을 갖출지는 지금의 선택에 달려 있습니다. 단일 제품 기반 제조 기업이 아니라, 글로벌 식문화 트렌드를 선도하는 플랫폼 기업으로 도약하는 것, 그것이 제가 생각하는 복만사의 중장기 비전입니다.

더불어 저는 청년들의 중장기 비전도 새롭게 생각해 보았으면 어떨까 하는 생각도 해봅니다. 저는 제가 좀 더 빨리 귀촌을 하고 창업했으면 어땠을까 하는 생각을 해본 적이 있습니다. 30대가 아닌 20대 때부터 지역에 든든하게 뿌리박고, 지역민들과 연대하며 함께 사업을 가꾸었다면 훨씬 빨리 기반을 잡지 않았을까 여겨집니다.

그런 점에서 저는 좀 더 많은 청년들이 대도시가 아닌 농촌에서 자신의 미래를 꾸려나갔으면 하는 바람을 가지고 있습니다. 농촌에는 청년들이 생각하는 것보다 훨씬 많은 기회가 있고, 각 지자체에서도 많은 지원을 하고 있습니다. 그러니 창업하기도 좋고, 도움받을 곳도 많으며, 그만큼 리스크도 줄어들 수밖에 없습니다. 대도시의 회사는 한순간에 어려워질 수도 있고 공장이 해외로 이전할 수도 있지만, 우리 농촌의 가치와 의미는 대한민국이라는 나라가 존재하는 한 영원합니다. 이 든든한 곳에서 가정을 꾸리고 회사를 발전시켜 나갈 수 있다면, 이 역시 자신의 미래를 가꾸어 나가는 매우 좋은 방법이라고 생각합니다.

가족에 대한 사랑으로 지탱해온 나날들

되돌아보면 저에게 사업의 본질은 돈을 버는 것이 아니었고, 가족은 단순한 양육을 하거나 함께 모여사는 일이 아니었습니다. 그것은 인생에서 소중한 것이 무엇인지 깨닫고, 행복이란 무엇인지를 알아채고, 앞으로 무엇을 위해 살아갈지를 배우는 매우 중요한 수업이었습니다. 책만으로는 배울 수 없고, 누군가로부터 전해 들은 것만으로는 깨달을 수 없는 중요한 삶의 지혜들이었습니다.

한번은 아직 한글이 서툴렀던 딸에게 "너는 아직도 글자를 몰라?" 라고 말한 적이 있었습니다. 그러자 딸은 저에게 이렇게 말했습니다.

"아빠, 글을 애써 지금 배우려 하지 않아도 돼. 어차피 나중에 크면 다 알게 될 거야."

살아가며 중요한 건 남들보다 빨리 아는 것이 아니라 그것을 알아가는 방식과 시간이 각자 다 다를 수 있다는 것을 아이와의 대화 속에서 배웁니다. 저는 아이를 가르치지만 동시에 아이들에게서 배웁니다.

제가 눈으로 보지 못했던 세상을 아이들은 언제나 순수한 눈으로 보여줍니다. 진심을 다해 사랑한다며 안아주는 따뜻함, 서툴지만 포기하지 않고 끝까지 해내는 색칠놀이, 스스로 뭔가를 이루었을 때 온몸으로 기뻐하는 표현, 그리고 애니메이션 속 미니언즈 친구들의 이별 스토리를 보며 흘리는 눈물. 아이들의 눈을 통해 저는 요즘 일보다 저의 소중한 삶을 바라보는 태도와 잊고 지냈던 행복을 배웠습니다.

많은 사람들은 성공과 행복을 '돈을 얼마나 버는가'로 정의합니다.

저 또한 예외가 아니었습니다. 그래서 돈을 많이 벌어 잘나가는 선배를 부러워했고, 장사가 잘되는 집을 보면 질투가 났습니다. 누군가 돈으로 우월함을 드러낼 때마다 저는 상대적 박탈감에 잠 못 이루었던 적도 있습니다. 돈이 없다는 이유로, 가진 것이 부족하다는 이유로, 저는 언제나 초라하고 인기 없는 사람처럼 느껴졌습니다. 남들처럼 화려한 결혼을 하지 못해 결혼조차 포기하려 한 적이 있었고, 뭐든 아껴야만 하는 삶에 지쳐 괴로움 속에 몸부림쳤습니다. 그러니 돈만 많이 벌면, 모든 것이 해결될 줄 알았고, 돈이 많으면 행복할 것 같았습니다. 하지만 그것은 끝없는 비교와 질투의 굴레였다는 것을 어느새 깨닫고 있습니다.

돌아보면, 저의 고민은 결국 "행복은 무엇인가?"라는 질문으로 귀결된다고 봅니다. 돈은 분명 필요합니다. 그러나 그것만으로는 마음의 결핍을 메울 수 없습니다. 행복은 비교에서 자유로워지는 것, 그리고 충분함을 아는 것에서 시작됩니다. 지금의 저에게 돈은 여전히 필요한 것이지만, 이제 더 이상 전부는 아닙니다. 돈으로 살 수 없는 것들이야말로 삶을 지탱하는 진짜 기둥이기 때문입니다.

아이들의 웃음, 아내의 따뜻한 말, 이웃의 손길, 그리고 계절마다 변하는 하동의 산과 들…. 제가 찾던 행복은 멀리 있지 않았습니다. 언제나 내 곁에 있었지만, 다만 제가 보지 못했을 뿐이었습니다.

마지막으로 제가 여기까지 올 수 있도록 든든한 힘이 되어준 아내와 딸 연수, 아들 선우에게도 진심으로 감사의 말을 전합니다. 힘들고 고통스러웠던 시절, 아이들의 웃음이 없었다면 더욱 많이 힘들었을 것입니다. 때로는 다투기도 했지만, 그래도 매일 아침 바라보는 가족과 그들을 책임져야 한다는 생각이 저를 흔들리지 않게 지탱해주었습니다.

함께 회사를 이끌어 나가는 정한아 이사님과 김연성 상무님이 없었다면 이런 성과는 없었을 것이라고 확신합니다. 그리고 앞으로도 그 힘을 바탕으로 더 많은 분야에서 세계 일등이 되기 위해 노력을 아끼지 않으려고 합니다.

마지막으로 2024년 추운 겨울에 세상을 떠나신 저의 영원한 멘토이자 '농업의 대통령'이셨던 이강삼 대표님의 가르침과 도움에 대해 가슴 깊이 감사드립니다.

성공으로 가는
11시 45분

1판 1쇄 펴낸날 2026년 4월 30일

지은이 조은우

펴낸이 나성원
펴낸곳 나비의활주로

책임편집 김정웅
디자인 BIG WAVE

전자우편 butterflyrun@naver.com
출판등록 제2010-000138호
상표등록 제40-1362154호
ISBN 979-11-24401-11-8 03320